Barbara Schilling

Mit Erbsen auf Soldaten

Barbara Schilling

Mit Erbsen auf Soldaten

Eine Freundschaft zwischen
Fußball und Fliegeralarm

Roman

rosenheimer

Anmerkung: Nicht alle Ereignisse, zeitlichen Begebenheiten und vermeintlichen Fakten sind »wahr«. Die Geschichte von Egon und Kalle ist größtenteils frei erfunden.

Für meinen Vater

www.rosenheimer.com

Titelfoto: Bundesarchiv, Bild 183-S75383
Lektorat und Satz: BuchBetrieb Peggy Stelling, Leipzig
Druck und Bindung: CPI Moravia Books s.r.o.
Printed in Czech Republic

ISBN 978-3-475-54189-6

Kapitel 1

»Jetzt schieß doch, Keule!« Der blonde Junge mit den streichholzdünnen Beinen schrie aus vollem Halse. »Schieß endlich!« Seine Stimme überschlug sich. »Worauf warteste denn? Uff Frieden?«

Ich traf Karl-Heinz das erste Mal »im Stadion«. So nannten wir Kinder aus der Nachbarschaft den Bolzplatz im Park. Jeden Tag, bevor wir um die letzte Ecke bogen, bangten wir erneut, ob unser »Stadion« überhaupt noch da war, denn in letzter Zeit hatten sich die Holzdiebstähle gehäuft; kaum etwas war vor den Baumaterial- oder Brennholzjägern noch sicher ... Auch heute hatte ich wieder aufgeatmet; unsere Tore aus den wurmstichigen Balken standen noch, windschief und verwittert, aber voll funktionsfähig. Mein Traum war es, die »Pille« einmal vor den Augen der Großen voll ins Dreiangel zu knallen – so wie ich es im Verein früher schon oft gemacht hatte. Einmal zeigen, was ich, den sie nicht grundlos die »Bombe« nannten, konnte ... Die halbe Nachbarschaft war versammelt, alles was laufen konnte, säumte den Spielfeldrand. Wer was auf sich hielt, kam hierher, um zu spielen – oder wenigstens um zuzuschauen. Denn die »Großen« waren nur selten so gnädig, einen von uns »Kleinen« mitspielen zu lassen; es sei denn man hatte ein paar Sechser, um ihnen »was zu kauen« zu besorgen, sprich mit Backwaren ließen sie sich manchmal bestechen, einen ein paar Minuten mitspielen zu lassen. Die in unseren Augen Dreikäsehochs taten das immer mal wieder.

Doch das war unter unserer Ehre, wir wollten ohne Arschkriechen zeigen, was wir auf dem Kasten hatten. Nur bekamen wir nie die Gelegenheit dazu …

Jeder einzelne Junge und auch jedes der beiden Mädchen am Spielfeldrand brannte darauf, den Halbwüchsigen, die den Platz gänzlich für sich beanspruchten, seitdem sie vor ein paar Monaten zwei windschiefe Tore zusammengezimmert hatten, einmal zeigen zu können, was in ihm steckte. Ich war da keine Ausnahme. Da wir schon nicht mitkicken durften, kommentierten wir jede Szene frech und lautstark. Immer die stille Hoffnung nährend, dadurch unsere Fachkenntnis unter Beweis stellen und eventuell doch mal eine Chance als Mittelfeld- oder wenigstens Abwehrspieler ergattern zu können. Daran gar als Stürmer eingesetzt zu werden, war nicht zu denken.

Ich schaute mir entrüstet den mal genauer an, der so vorlaut herumkrakeelte. Karl-Heinz war neu hier. Das war mal klar. Den hatten wir hier noch nie gesehen. Doch statt sich – wie es die ungeschriebenen Gesetze des Bolzplatzes vorsahen – anfangs vornehm zurückzuhalten, brüllte der Neue gleich los, als sei er hier zu Hause. Wir waren fassungslos. Und bestürzt, denn statt ihn mit einem gehörigen Anschnauzer zur Räson zu bringen, wie es die Großen bei uns stets taten, wenn wir uns ihrer Ansicht nach zu weit vor wagten, ließen sie seine Sprüche durchgehen, ja, lachten sogar. Keine Frage, er amüsierte sie – und schnappte uns damit die ohnehin seltenen Sympathiepunkte weg, nach denen wir so lechzten. Heinrich, mein Kumpel, blickte sich finster um, immer wieder stieß er mich an. Ich war verwirrt, verletzt, eifersüchtig und erbost. Wozu hatte ich die letzten Wochen und Monate denn jede freie Minute hier verbracht? Hatte alles getan, um wenn schon nicht das Wohlwollen, so wenigstens die Aufmerksamkeit der älteren Jungs auf mich zu lenken? Dafür, dass so mir nichts dir nichts ein dahergelaufener Knabe mit Storchenbeinen uns die Show stahl? Was bildete der sich ein?! Ich schnaubte, nicht nur innerlich. Als ungekrönter Anführer der »Opposition« musste ich handeln, ein Zeichen setzen. Das hier war unser Revier.

»He Piefke, halt mal die Füße still. Hier wird nich jepöbelt.«

Ich ballte die Fäuste, bereit auf den großen, schlaksigen Nebenbuhler loszugehen. Umsonst. Er reagierte nicht. Ich wiederholte meine Aufforderung doppelt so laut. Ganz klar, das war eine Provokation. Ich forderte ihn heraus. Beim dritten Mal bewegte er sich endlich: Aufreizend langsam drehte er den Kopf in meine Richtung. Ich sah seine blonden Haare hinter den großen roten Ohren strähnig abstehen. Alle im Umkreis hielten den Atem an. »Pass uff. Gleich jibt's ne Keilerei«, hörte ich meinen Nachbarn einem anderen Jungen zuflüstern. Ich sah Kalle an, fixierte ihn, hoffte, möglichst einschüchternd zu wirken – meist war mir das nicht zuletzt wegen meiner recht stämmigen Statur ganz gut gelungen. Ich nickte auffordernd, wartete. Ich weiß nicht, was ich erwartete. Aber … es geschah … nichts. Kalle machte keinerlei Anstalten irgendwie zu reagieren. Er drehte sich einfach wieder weg und fuhr fort, das Spiel zu verfolgen – und zu kommentieren. Ein Skandal, er ignorierte mich, MICH! Einfach so. Ich brannte innerlich, war außer mir. So konnte niemand mit mir umspringen, und schon gar nicht der

Neue. Ich würde meinen Platz verteidigen, mich behaupten – koste es, was es wolle. Am meisten wurmte mich, dass die Großen ihn nicht schikanierten, wie sie uns stets »klein hielten«. Ja, sie tolerierten, verteidigten sein Tun sogar. Fehlte nur noch, dass sie ihn zum Mitspielen einluden, undenkbar! Mir wurde heiß vor Wut, mein Gesicht glühte. »Los, Egon, zeig dem ma, wat ne Harke is!«, feuerte mich unser Torwart Fritz an. Er spuckte vor uns aus, warf aufgebracht seine fleckige Schiebermütze in den Staub und hüpfte wie irr darauf herum. Ich stürzte mich halb blind vor Rage auf den Neuen, prügelte auf ihn ein, als wäre er ein Sandsack. »Hau druff, hau feste druff!« Selbst Heinrich wollte nun ordentlich Kloppe sehen. Das ließ ich mir nicht zweimal sagen; hier draußen herrschten raue Sitten, wer nicht untergehen wollte, musste treten, meist nach unten. »Wenn die anderen erstmal oben sind, isses zu spät, dann biste abjeschrieben«, pflegte mein Vater zu sagen. »Du musst Zähne zeijen im Leben.« Ich dachte wütend an meinen Vater und verdrosch Karl-Heinz nach Strich und Faden – aber, wie es sich gehörte, ohne kratzen, beißen und spucken.

Doch es war vertane Liebesmüh: Als er wieder stand, mit blutender Nase und schlammverschmierten Sachen, sah ich in seinen Augen, dass es nichts gebracht hatte. So konnte ich ihn nicht kriegen; er zeigte trotz der Schläge, die er von meinen erprobten Fäusten hatte einstecken müssen, keinerlei Angst. Er sah mir geradewegs in die Augen.

Seine Sommersprossen leuchteten auf dem erhitzten Gesicht und er lachte mich aus. »Wattn? Dit war schon alles? Pah, zeig mal, wat du wirklich druff hast, du … Schisser.« Er wankte, wirkte aber überzeugt weiterzukämpfen – bis zum Äußersten. Ich zögerte einen Augenblick vor Überraschung. Normalerweise hatten meine Gegner nach solch einer Eröffnung genug, die Fronten waren geklärt, und ich hatte nichts weiter zu befürchten. Doch nun sollte ich noch einmal ran. Der kurze Augenblick des Zögerns war mein großer Fehler. Schon hatte er sich mit seinem ganzen kümmerlichen Gewicht auf mich geworfen und rang mich mit der Kraft der Verzweiflung tatsächlich nieder. Seine Fäustchen waren keine wirkliche Gefahr, doch sein Ellenbogen traf mich hart an der Schläfe, mehr zufällig als bewusst geführt, doch mir wurde kurze Zeit schwarz vor Augen. Er stieg von mir runter. Schwer atmend blieben wir beide sitzen; der Pulk Schaulustiger, der sich um uns gebildet hatte, gierte erwartungsvoll. Würde es eine dritte Runde geben? Doch ich hatte genug für heute. Mein Magen war ein harter Knoten und mein Kopf schmerzte höllisch. Kalle stand auf, schaute in die Runde, spuckte Blut und Schleim aus und reichte mir dann die Hand zum Aufstehen. »Ick bin übrijens Kalle«, stellte er sich mit einem schiefen Grinsen vor. »Mit wem hab ick dit Vergnüjen?«, fragte er scheinbar amüsiert. Doch ich schlug seine Hand weg, rappelte mich hoch und sah zu, dass ich Land gewann. Zu Hause leckte ich meine Wunden und ärgerte mich noch Tage später über die schmähliche Niederlage vor meinen Kumpels.

Kapitel 2

Doch nun zum Anfang der Geschichte, zumindest was meine persönlichen Erlebnisse angeht: Am 21. April 1933 erfuhr ich den Beistand eines wie auch immer gearteten Schutzengels. Ohne diesen hätte mich das gleiche Schicksal ereilt wie meine Mutter. Anna Frieda Emma Hammerschmidt, geborene Petzold, verstarb einen Tag nach der Geburt ihres ersten und einzigen Kindes. Todesursache war eine Eklampsie, eine plötzlich auftretende, schwere Erkrankung: Blutdruckunregelmäßigkeiten, Krämpfe, schließlich Bewusstseinsverlust – nicht selten damals bei Erstgebärenden. Sie fiel ins Koma und starb kurz darauf, ohne mich ein einziges Mal gesehen zu haben. Die Vorboten eines solchen Anfalls waren oft starke Kopfschmerzen; sie hatte seit jeher ständig an diesen gelitten, es existierte kaum ein Foto, auf dem sie sich nicht an die Stirn fasste, aber dies erfuhr ich erst später. Ich durfte leben – sie war tot, dabei hätte ich sie so gern kennengelernt … Das Kopfweh erbte ich von ihr; oft hatte ich schon als Kleinkind unter Schmerzen zu leiden – kalte Wickel verschafften mir ein wenig Linderung. Später wurde es dann besser und die Migräne trat nur noch selten auf.

Mein junger Vater war verstört, traurig und unfähig, einen Säugling zu versorgen. Zudem war das »Frauensache«. Und so kam ich, erst wenige Tage alt, zu meiner Pflegemutter – der ersten von vielen.

Tante Trutchen war die älteste Schwester meines Vaters. Sie lebte wie mein Vater im Bezirk Weißensee in Berlin. Gleich um die Ecke also. Genau genommen waren es nur wenige Häuser, die uns trennten – meinen Vater und mich. Sie selbst hatte keine Kinder, was ihr schwer zu schaffen machte. Und so nahm sie mich mit sehr gemischten Gefühlen auf, aus Mitleid und auch ganz einfach, weil sich sonst niemand fand. Ihr Mann war ein kleiner Kaufmann, genauso wie mein Vater. Er betrieb eine Eisenwarenhandlung, in der sich die Werkzeuge und Nägelschachteln sowie die vielen verschiedenen Schraubenarten bis hinauf zu Decke stapelten. Kein freies Fleckchen Wand war zu sehen. Alles verdeckt von braunen Bretterregalen, die von der Tür mit dem hohen Glöckchen bis hinter zum Vorhang reichten. Dieser Vorhang trennte den schon bescheidenen Verkaufsraum von einem winzigen Ladenhinterzimmerchen ab, das ein Schreibpult mit Stiften, Ordnern und Zetteln und diverse ausrangierte Eisenteile beherbergte. Auf einem niedrigen Hängeboden fanden sich verstaubte Kisten voll Gerümpel und Unmengen von Spinnen – schmal- und dickbäuchige, mit langen und kurzen, beharrten und glatten Beinen. Mein Onkel Herbert war von ruhigem Gemüt und begegnete den Sperenzchen seiner Frau mit so viel Nachsicht wie er aufbringen konnte. Wenn es ihm zu viel wurde, drehte er sich um und verschwand für einige Zeit im Keller, zu dem unter einer schweren Bodenplatte versteckt eine steile Treppe hinunterführte. Meine Tante wurde ob ihrer im Kiez bekannten Häkel- und Backkunst bewundert und ihrer vielversprechenden, ausladenden Hüften wegen gelobt. Doch Kinder bekam sie trotzdem keine, was in ihr zuerst Trauer, dann Neid und schließlich Bitterkeit aufkommen ließ. Da war ich nun, eine kleine Halbwaise und eine relativ junge Frau vom unerfüllten Kinderwunsch heimgesucht, die sich erbarmte, sich eine Zeit lang um mich zu kümmern. »Bis ick wat Eijenes hab ...« Glücklich wurden wir beide auf Dauer nicht miteinander.

»Dit konnte nich jut jehen, hab ick gleich jesacht«, hatte eine weitere Schwester meines Vaters, Tante Herta später immer verlauten lassen.

»Jar nüscht haste jesacht«, hatte mein Vater stets protestiert. »Von wejen! Jeschwiegen habt ihr. Und später denn – froh, dass ihr noch mal davonjekommen seid, habt ihr eifrig jenickt. Ne jute Idee haste es jenannt. Dann hätte se wenigstens ooch mal wat Kleenet ...«

Ich mochte Tante Herta. Wenn ich sie später mit meiner Stiefmutter besuchte, bewunderte ich immer ihre Wohnung. Sie lag im Vorderhaus und schien mir sehr vornehm: mit Vorhängen, gutem Porzellan und schweren Holzmöbeln. Obwohl all diese Dinge schon nicht mehr neu waren, schienen sie – wie die Tante selbst – seltsam alterslos zu sein. Seitdem sie verwitwet war, beherbergte Herta einige Untermieter. Herr Ösede hatte ein eigenes schönes Zimmer mit Wasserleitung, das er mir gern zeigte. Genau wie seine Fotoapparatesammlung, vier Laikas, mit denen er vornehmlich kleine Jungs fotografierte, wenn sie ihm vor die Linse kamen. Auch von mir wollte er stets ein Foto machen, aber ich blieb nie lange dort, denn ich fühlte mich in seiner Gegenwart nicht ganz wohl. Sehr gern hingegen quatschte ich mit den anderen beiden Untermietern, einem Pärchen, das sich den Geräuschen nach zu urteilen untereinander blendend, mit dem Haushund allerdings nur schwer vertrug. Die Frau schnürte der Tante jeden Tag das Korsett, das deren verwachsene Wirbelsäule stützte. Im Wohnzimmer stand ein seltsames Gestell, das ich liebend gern als Turngerät benutzt hätte, wenn es nicht strengstens verboten gewesen wäre, denn es diente einzig und allein dazu, dass sich Herta daran auf mysteriöse Weise aushängen und damit ihr Rückenleiden ein wenig lindern konnte. Im gemeinsamen Badezimmer stand das Fahrrad des Mannes. Immer wenn ich »austreten« musste, wie es hier hieß, bewunderte ich es gebührlich und strich manchmal andächtig über den »Brux-Sattel«, einen englischen Rennsattel. Ein paar Mal schlief ich auch bei der Tante in einem eigenen winzigen Zimmerchen, das man sogar abschließen konnte. Es war toll, immer gab es bei ihr warmes Wasser, soviel man wollte, nur das Klappbett musste ich morgens einklappen. Ich fürchtete mich davor, eines Nachts mitsamt dem Bett in die Schrankwand hochgeklappt zu werden und ersticken zu müssen. Darum wanderte ich gern, wenn alle schliefen zu meiner Tante hinüber, wich den knarrenden Flurdielen aus, drückte die geschwungene Klinke der Flügeltür auf und huschte heimlich in ihr Bett, wo es warm und kuschelig war und so gut nach Lavendel roch. Herta schickte mich niemals fort; sie tat stets so, als schliefe sie tief und fest und merke nichts von meinem Besuch, als streichle ihre Hand nur im Traum sanft und liebevoll mein Haar. Sobald die ersten Sonnenstrahlen durch das hohe Fenster drangen und den Stuck an der Decke erhellten, schlich ich mich auf Zehenspitzen wieder zurück in mein Zimmer und wir trafen uns erst zum Frühstück wieder.

Dort bei Tisch ging es immer recht lustig zu, nur ab und zu gab es Unstimmigkeiten, meist wegen des Geldes, denn jeder Untermieter musste aufschreiben, wie viel er an warmem Wasser verbraucht hatte. Es wurde nur mit Gas geheizt, und das war teuer.

Trotz des anfänglichen Entzückens bei meinem Anblick im niedlichen Wollstrampler, war Tante Trutchen nicht wirklich mit mir warm geworden. Im Gegenteil: Nach der ersten Euphorie verdeutlichte ihr mein Babyschreien ihren eigenen Verzicht nur umso stärker. Sie wurde immer deprimierter und machte schon bald einen komplett überforderten Eindruck. Als ihr Mann mich in letzter Sekunde aus dem Badeeimer gefischt hatte, in den sie mich in einem Anflug von stiller Verzweiflung für einen Moment kopfüber hatte gleiten lassen, sodass nichts als zwei blonde Locken noch aus dem Wasser herausschauten, wurde ich schon am nächsten Tag weitergereicht.

Ich sollte mein Glück bei einem anderen Pärchen finden, zumindest dort suchen. Immerhin hatten mich Onkel und Tante gut gefüttert, so brachte ich einige Kilos auf die Waage und war bereits deutlich gewachsen, als ich zu Onkel Franz und Tante Bertha kam, die beide nicht mehr ganz jung waren. Tante Bertha war die ältere der beiden Schwestern meiner Mutter und hatte, wie diese, häufig schlimme Kopfschmerzen.

Tante Trutchen hatte mich gut eingepackt und mir ein dickes Bündel mit Wäsche und Utensilien, manche noch nagelneu, mitgeschickt, doch Onkel Herbert wollte allein fahren. Er brachte mich in eine kühle Kellerwohnung, wo mich meine neuen Pflegeeltern lächelnd in Empfang nahmen. Es wurden nur wenige Worte gemurmelt, hastig Grüße getauscht, dann fuhr Onkel Herbert wieder zu seiner Frau. Mich ließ er in einer uralten Holzwiege unter dem halben Fenster zurück. Wenn Onkel Franz zur Arbeit gegangen war, beobachteten Tante Bertha und ich oft stundenlang die vorbeigehenden Füße. Immer wieder staunte meine Pflegemutti, wie viele Leute barfuß durch die Straßen gehen mussten. Doch meist schlief sie darüber ein. Wenn ihr rollender Husten mich weckte, begann ich zu schreien und hörte lange nicht auf. Häufig gesellten sich dann zu ihren Atembeschwerden auch noch pochende Migräneanfälle, sodass Onkel Franz nach der erschöpfenden Arbeit auch noch den Haushalt machen und seine Frau und ein hungriges Baby versorgen musste. Auch hier war also kein Platz für mich. Nach wenigen Monaten war ich dann wieder bei meinem Vater, der allerdings noch weniger mit mir anzufangen wusste, zumal ich ihn ständig an den Tod seiner geliebten Frau erinnerte. Er konnte oder wollte mich nicht einmal wickeln. Er stach mir in seiner Unbeholfenheit die Sicherheitsnadel in die Haut statt in das Windeltuch und war nach kurzer Zeit so verzweifelt, dass er nicht mehr ein noch aus wusste. Da kam ein rettender Engel, zumindest für eine kurze Zeit: Eine hilfsbereite Nachbarin, deren Ähnlichkeit mit seiner verstorbenen Frau meinen Vater zusätzlich deprimierte, nahm sich meiner einige Zeit an. Doch auch das war nur eine Zwischenstation. Ich wurde von Freunden zu Verwandten hin- und hergeschoben; keiner konnte oder wollte sich wirklich um mich kümmern, hatte genug eigene Kinder oder Sorgen, nicht selten beides …

In den ersten fünf Jahren habe ich bei insgesamt acht verschiedenen Pflegefamilien gelebt; und früh schon wurde mir bewusst: Keiner will mich haben. Nirgends gehöre ich richtig hin. Zuhause war immer dort, wo ich gerade mit Essen und Kleidung versorgt wurde. Papa war der Onkel, der mich immer wieder mal am Wochenende besuchte.

Die wechselnden Bezugspersonen verunsicherten mich, obwohl ich es ja nicht anders gewohnt war. Oft blass und kränklich aussehend, nahm ich ab dem ersten Lebensjahr schlecht zu, egal wie man mich aufpäppelte. Mein Körper blieb knochig und dünn; erst im Knabenalter von zwölf fing ich endlich an Fleisch anzusetzen. Ich schoss plötzlich in die Höhe, wurde mittelgroß und wusste plötzlich nicht mehr wohin mit meinen Gliedmaßen. Dass ich als Kleinkind schmächtig war, war zu dieser Zeit nicht ungewöhnlich, doch die augenfällig magere Erscheinung eines Pflegekindes wog doppelt schwer. »Vernachlässigt« hörte ich sie manchmal raunen, doch niemand tat etwas. Der Alltag schien alle fest im Griff zu haben, niemand fühlte sich verantwortlich. Zu schwer wogen die Schicksale der anderen Familienmitglieder, zum Beispiel das des nach einem misslungenen Abtreibungsversuch geistig behindert zur Welt gekommene Kind eines Großcousins. Oder das des von Rachitis verkrüppelten Körpers eines Bruders meiner Mutter oder das des bettelarmen Familienzweiges um den trunksüchtigen Hugo und seine Frau. Ich war da nur ein kleines Rädchen im Getriebe; mein Vater arbeitete hart, um sich das kleine Geschäft aufzubauen und ihm und mir ein bescheidenes Einkommen zu sichern. Da blieb nicht viel Zeit und Kraft für »Gefühlsduselei«; ich war versorgt, hatte ein Dach über dem Kopf, zu essen und etwas anzuziehen. Mehr hatte man nicht zu wollen. Und tatsächlich ging es mir rein materiell nicht schlecht, doch emotional war ich chronisch unterversorgt. Mir hatte von Anfang an die Wärme und Nähe einer Person gefehlt: meiner Mutter. Ich wurde von den Verwandten umsorgt, ich trank den dargebotenen, extra für mich angerührten heißen Kakao, aß die dicken Butterbrote unter den neidischen Blicken meiner temporären Geschwister. Doch keine Milch und kein Speck konnte mir die nötigen seelischen Nährstoffe ersetzen, denen ich so sehr bedurfte: elterliche Liebe. Ich sah, wie meine jeweiligen Pflegeeltern die anderen Kinder küssten, wie sie mich dagegen ansahen – mitleidig und kühl, sorgenvoll und genervt, weil ich ihnen in meiner Magerkeit trotz ihrer Fürsorge dauernd ein schlechtes Gewissen machte. Bestenfalls war man mir wie einem Hündchen zugetan. Selbst in den gut gemeinten, etwas hölzernen Umarmungen fühlte ich die emotionale Distanz. Ein fahriges über den Kopf streichen konnte mich für einen ganzen Tag in Hochstimmung versetzen. Dass auch die anderen Kinder mit Zärtlichkeiten eher zurückhaltend bedacht wurden, schien diese nicht zu stören. Doch mir war ständig kalt ... Wie oft wünschte ich mir wenigstens echte Geschwister zu haben. Jungen und Mädchen an meiner Seite, die mich genauso ansahen, genauso busselten und meinetwegen auch genauso verhauten, wie sie es untereinander taten. Mit feuchten Augen beobachtete ich ihre vertraute Nähe und hoffte auf ein Wunder ... Doch mein Wunsch wurde nicht erfüllt. Ich blieb allein.

Kapitel 3

Als ich im besten Knabenalter war, mein Geburtstag war übrigens nur einen Tag nach Hitlers – »Jott sei Dank, da hat er noch mal Glück jehabt«, seufzte die eine Hälfte der Verwandtschaft, »Oh, wie schade«, raunte die andere –, verkündete mein Vater, er hätte eine neue Liebe.

Zwischen zwei Bissen krümeligen Geburtstagskuchen – »Kriegskuchen« aus etwas Mehl, Kaffeesatz, Zichorie und Kunsthonig gebacken – erklärte er: »Annemarie heeßt se. Jeborene Ohnstein. Näherin. Eine janz patente Frau. Wirklich toll, ihr werdet se lieben!« Während mein Vater einen Obstschnaps verlangte, tauschte die Geburtstagsgesellschaft bedeutungsvolle Blicke aus.

»Na, ob ick se lieben werde, weeß ick nich«, hustete Tante Bertha.

»Nu komm, Anna is doch nu schon lange jenug unter der Erde«, wandte Onkel Franz schüchtern ein und kratzte sich umständlich am Unterbauch, woraufhin Bertha verstummte. Onkel Franz trug ein Bruchband aus Leder. Legte er das Band ab, käme der Darm an beiden Seiten heraus, so erklärte er es mir anschaulich und genoss den Schrecken, der bei mir damit auslöste sichtlich. Sein Leistenbruch, der mir Alpträume bescherte und ihn so manchen Schmerz erleiden ließ, sollte ihm jedoch letztendlich das Leben retten, was er da aber noch nicht einmal ahnte: Aufgrund dessen musste er nämlich nicht Soldat werden. Ich fand das als

Kind ungeheuer spannend, konnte mir aber nicht vorstellen, wie Gedärme, wie ich sie vom Schwein beim Schlachter gesehen hatte, aus meinem Onkel herauskommen sollten …

»Recht haste, Franz!«, stimmte ihm Onkel Herbert zu. »Wat is n Mann schon ohne Weib? Ne Frau muss wieder ins Haus, schließlich is Wilhelm ooch nich mehr der Jüngste, ha ha.«

Sofort widersprach mein Vater und forderte einen weiteren Schnaps für sich und Onkel Herbert.

»Ach wat, jetzt sei nich so knauserig Mathilde, für alle. Darauf müssen wa anstoßen.«

»Na, ick weiß nich. Mitten im Krieg ne Hochzeit … in deinem Alter …«

»Na, wer weiß, wie lange wir noch können, wa?! Wat sein muss, muss sein«, wischte er den Einwand fort.

»Der Junge braucht endlich ne Mutter. Und ick …«

Onkel Herbert lachte anzüglich. »N warmet Bett.«

»Nachtijall, ick hör dir trapsen.«

»Wat soll denn dit nu wieder heeßen?«

»Na, ick bitte dich … Näherin isse, wie praktisch für dich …«, stichelte die Tante. »Kannse ja gleich prima für dich arbeiten.«

»Nich für mich, mit mich«, scherzte mein Vater gutgelaunt. »Is aber wirklich ein himmlischer Zufall.«

»Na, ob der Himmel da mitjemischt hat, bezweifle ick …«

»Wie jung isse denn?«, fragte neugierig Tante Mathilde und reichte die Gläser herum.

»Neun Jahre jünger als ick, junger Spund isse. Ihr süßer Kopp hat dit Licht der Welt Ende Dezember erblickt …«

»Na, so jenau wollt et keener wissen ...«

»Und«, Mathilde goss vorsichtig die Gläser halbvoll, »isse fleißig? Kannse kochen?«

»Sie hat alle Qualitäten, die zählen ...«, überging mein Vater die Frage charmant.

»Und los, mach voll die Gläser hier. Wat sollen wir denn mit so ner Pfütze? So jung kommen wir nie wieder zusammen.«

»Wo er Recht hat, hatt er Recht«, rief Onkel Herbert grinsend und erhob sein Glas.

»Uff die Liebe!«, prostete er den anderen zu.

Ich saß in der Ecke mit meinen Holzbauklötzen und schaute den Großen beim Feiern zu.

Ich verstand schon, als Tante Trutchen ihr Glas in meine Richtung schwenkte und leise sagte: »Na für dich wird et dit beste sein, wieder ne richtije Familie zu haben.«

Kapitel 4

Wenige Wochen später heiratete mein Vater seine Annemarie, und ich bekam eine neue Mutti, das heißt, eine Stiefmutti, aber das war mir egal. Eine eigene Mutter, welch ein Luxus, ein Wunder! Diese Frau hier blieb; nicht wie all die anderen Tanten, die ich schon hoffnungsvoll und vergeblich »Mutti« genannt hatte. Annemarie schien mir wie ein Engel. Sie war lieb und sanft und immer für mich da. Sie blieb, als ich Röteln bekam, sie blieb, als der Krieg seinen Lauf nahm. Sie blieb bei mir. Immer. Ich konnte zu jeder Tages- und Nachtzeit zu ihr gehen, nie stieß sie mich weg. Ob im Kurzwarenladen in der Langhansstraße 151 in Weißensee zwischen Wäsche und Krawatten, Strümpfen und bunten Knöpfen, mit denen meine Eltern nun handelten oder in der Wohnung: Ich war nicht mehr allein.

Ob sie mit Kunden sprach und ich still sein musste oder wir zusammen mit den Näherinnen im Hinterzimmer plauschten – ich fühlte mich bei ihr geborgen. Und ich genoss die ersten Wochen so intensiv, dass ich mich manchmal heimlich kneifen musste, um zu testen, ob ich doch nur wieder träumte. Aber der blaue Fleck war echt – und Annemarie auch.

Doch je mehr ich sie liebte, weil sie mich liebte, desto größer wurde meine Angst sie wieder zu verlieren … Ich begann panisch zu werden, wenn ich nicht wusste, wo sie gerade war, sie nicht hörte. Ich begann zu klammern wie ein Äffchen. Meine Verlustangst trieb mich mehrmals pro Nacht aus dem Bett, um heimlich nachzuschauen, ob sie noch da war. Erst wenn ich mir sicher war, dass sie wie all die Nächte zuvor in dem breiten Ehebett schlief, fand ich wieder für einige Stunden Ruhe, bevor ich mich wieder vergewissern musste, dass diese Mutter, die so gut nach Eierkuchen und Baumwolle roch, kein Traum war, sondern eine Frau aus Fleisch und Blut. Nicht selten bin ich vor ihrer Tür wachend auf der Schwelle eingeschlafen.

Die Begebenheiten des Tages, an dem ich zu den beiden zog, waren die ersten, an die ich mich ganz bewusst erinnere. Zumindest glaube ich das. Vielleicht aber stammten sie doch nur aus Erzählungen, aus in vielen Jahren geronnenen Erinnerungen, die so oft in meinem Beisein erzählt wurden, dass ich sie mir einverleibt habe, sie mit mir verwachsen sind, als wäre es meine eigenen: ein Gemisch von schattenhafter Ahnung und wiederholten Berichten.

Ich stand auf der Türschwelle zum Laden. Sah all die hellen und hautfarbenen Wäschestücke im Schaufenster, war geblendet von der Weiße der Hemden und Mieder, die von der Nachmittagssonne heiligengleich zu leuchten schienen. Ich blieb im Türrahmen stehen, während eine matronenhafte Dame das Geschäft betrat. Sie verschwand im hinteren Teil des Ladens, ohne weiter auf mich zu achten. Ich schmiegte mich an das harte Holz, spürte die Neigung der Schwelle unter meinen Füßen und fixierte ein Paar lange, wunderschöner Glacé-Handschuhe in einer Vitrine über dem Verkaufstisch. Ihr Stoff versprach fein und weich zu sein, ein märchenhafter Schimmer lag auf diesen zarten Kleidungsstücken. Ich sah sie lange an, dann hörte ich Schritte. Zuerst begrüßte mich Annemarie. Sie kam in kleinen Schritten auf mich zu und hockte sich vor mich.

»Hallo!«, sagte sie, doch ich antwortete nicht.

»Komm doch rein.«

Ich rührte mich nicht.

Mein Blick glitt wieder zu den wundervollen Handschuhen hinüber.

Sie sah in dieselbe Richtung und fragte, indem sie mir die Hand auf die Schulter legte: »Sie sind sehr schön, nicht wahr?«

Ich nickte zaghaft.

»Gefallen sie dir?«

Wieder senkte und hob ich den Kopf.

Einen Moment lang war es still – bis auf das Brummen, Trappeln und Murmeln des dumpfen Straßenlärms, der von draußen hereindrang.

Dann nahm Annemarie mich bei der Hand.

»Komm, ich zeige sie dir.«

Und ich folgte ihr.

Meine Zeit vor dem Tag X, an dem mein eigentliches Leben begann, verblasste schnell. Doch Annemarie wollte wissen, woran ich mich entsinnen konnte. Und so erzählte ich ein bisschen; sie fragte meinen Vater und wir zwei versuchten ab und zu gemeinsam die Vergangenheit zu rekonstruieren.

Die letzte und längste Zeit hatte ich bei Onkel Männe und Tante Trude gewohnt. Ich erinnere mich an die gutbürgerlich eingerichtete Wohnung, die ich auch später immer wieder besuchte. Sie hatten selbst einen kleinen Sohn: Alfred. Er war etwa drei oder vier Jahre älter als ich und musste jeden Tag am Flügel das Klavierspiel üben. Der ältere Sohn war bereits ein erwachsener Mann und ausgewandert. Er wollte nun in Kanada sein Glück machen. Tag für Tag hatte er mehrere Stunden vor den Tasten verbringen müssen, hatte Alfred mir später erzählt und gebeichtet, wie sehr er das gehasst hat. Später, als der Krieg schon längst verloren war, wurde er noch zum Flakhelfer ernannt. Er musste 1945 »Berlin bis zum letzten Mann verteidigen« und die meisten seiner begabten Finger im Wahnsinn der Zerstörung zurücklassen. Alfreds rechte Hand wurde komplett, seine linke zur Hälfte verstümmelt. Er spielte nie wieder Klavier. Und dennoch schien ihn später die Tatsache zu versöhnen, dass er – anders als so viele seiner Mitstreiter – mit dem Leben davongekommen war.

Tante Trude, seine Mutter, hatte den Ehrgeiz gehabt, das Beste aus den Kindern zu machen. Das bedeutete für sie, das Beste aus ihnen herauszuholen. Disziplin, Bescheidenheit, Fleiß und Sparsamkeit waren ihre erklärten Tugenden. Onkel Männe war Zahlmeister bei der Wehrmacht. Alfred erzählte mir oft von seinem langen Säbel, den er stolz präsentierte, wo immer es möglich war.

Alfred war damals auch der erste, der zu mir sagte, als ich von Annemarie als meiner Mutter sprach: »Die is jar nich deine Mutter!«

Worauf ich ihn erstaunt ansah und dann ruhig erwiderte: »Ick weeß, jehe doch immer uffn Friedhof zu ihr, zur Richtijen.«

Nun sah er mich erstaunt an. Damit hatte er nicht gerechnet.

Nach einer Pause sah ich ihn an.

»Aber nu is Annemarie meine Mutter. Meine zweite Mutti.«

Ich liebte alles an ihr. Und ich ließ keine Gelegenheit aus in ihrer Nähe zu sein. Manchmal schien mein Vater schon fast eifersüchtig, doch sagte er nie etwas dergleichen. Allein die Blicke und seine gerunzelte Stirn verrieten mir, dass ihm einiges gegen den Strich ging. Doch das trieb mich nur noch näher zu meiner Stiefmutter. Ich saß – anfangs noch in einen blau-weiß gestreiften Matrosenanzug gesteckt – gern bei ihr im Laden. Oft lauschte ich den Geräuschen auf der Straße, dem Lachen und Schreiben, dem Gemurmel, dem Motorenlärm, dem fernen Straßenbahn-Geratter und noch fernerem S-Bahn-Getöse. Gern mochte ich das Hufgeklapper des Pferdewagens. Der Kneipier in unserer Straße ließ das Bier mit einem robusten Wagen und ebensolchem Pferd einfahren. Manchmal, wenn wir vom Milch holen zurückkamen, konnte mit meiner Stiefmutter beobachten, wie die schweren Holzfässer in den Keller gerollt wurden. Die Stirn des Mannes war schweißbedeckt, wenn er seine Schiebermütze zum Gruß vom schütteren Haar nahm. Und ich stand bewundernd auf der anderen Straßenseite und schaute zu, wie dieser Mann allein die großen dunkel gefleckten Fässer von dem unter der Last knirschenden Holzwagen hob, geschickt einige Meter über den Bürgersteig rollte als spielte er nur Boccia, und diese dann nacheinander im Untergeschoss der Kneipe versenkte. Ob ich wohl auch einmal so stark sein würde, fragte ich mich. Das Pferd wieherte und riss mich aus meinen Gedanken. Es hob den Schweif und ließ eine ordentliche Portion Mist auf das Pflaster fallen, der nun aus den Rillen dampfte. Manchmal sammelten die Leute, die einen Schrebergarten besaßen, wie zum Beispiel unsere Bekannten einen an der Lankewerft hatten – zu meiner Bewunderung hatten sie dort auch ein Paddelboot stehen –, hinter dem Wagen die Pferdeäpfel auf, um damit ihre Beete zu düngen. Wir Kinder ekelten uns und sangen frech dazu: »Wir sammeln Lumpen, Knochen und Papier, ausjeschlagne Zähne sammeln wir ...« Wenn es den Erwachsenen zu bunt wurde, flog schon mal ein frischer Pferdeapfel in unsere Richtung, was den Spaßfaktor aber nur zusätzlich erhöhte.

In die Kneipe ging mein Vater auch ab und zu, meist ohne seine Annemarie. »Frühschoppen« hieß das Trinken früh am Tag – ein Sonntagsvergnügen. Mein Vater kannte den Kneipier sowie die meisten Gäste in der Kneipe. Auch untereinander war man sich bekannt. Die Arbeit in den kleinen Industriebetrieben und die enge Nachbarschaft ließen einander recht vertraut sein. Die Stammkneipe, deren Besitzer auch die Drechslerei im Bezirk besaß, war für viele Männer das zweite Wohnzimmer. Wenn mein Vater »einen im Tee« hatte, stieg er schon mal über den Tresen und stibitzte Zigaretten. Einem Knopffabrikant, der ebenfalls regelmäßig Gast in der Wirtschaft war, wurde immer angst und bange, wenn er das sah: »Oje, mach dit nich! Wenn der dich sieht!« Er meinte den Wirt, den großen kräftigen Kerl, der keinen Spaß verstand, wenn sich jemand an seinem Eigentum vergriff. Hätte der ihn erwischt! Hat er aber nicht, zumindest nicht an diesem Abend. Und an keinem der folgenden.

Mit dem Krieg wurde das Bier langsam knapper, und die Ration war oft schon am Nachmittag aufgebraucht. Wenn »Molle und Korn«, wie Bier und ein Schnäpschen hier bestellt wurden, aus waren, mussten sich die Gäste mit den Ersatzprodukten zufrieden geben, die allerdings kein Ersatz waren. Dementsprechend sank die Laune an manchen Abenden drastisch: Missmut machte sich breit, wo vorher Frohsinn, derbe Scherze und ein gesunder Zweckoptimismus vorgeherrscht hatten – ganz gleich wie schlecht die allgemeine Lage sich dargestellt hatte: Die Berliner hatten sich nicht unterkriegen lassen. Doch allmählich wendete sich das Blatt.

Unbarmherzig schleppte mich Annemarie zu sämtlichen Verwandten meines Vaters. Sie selbst hatte kaum Familie, nie habe ich ihre Eltern kennengelernt, und sie bestand darauf, dass ich möglichst einmal alle lebenden Verwandten sehen sollte. Dieses Mal stand ein Besuch bei Mathilde Redomski an. Sie wohnte am Pistoliusplatz. Meine Mutter und ich stiegen in die »Elektrische«; Straßenbahnfahren war das einzige, das mir diesen langweiligen Pflichtbesuch versüßte. »Wat wollen wir eijentlich da?«, fragte ich meine Stiefmutter missmutig. »Ick kenn die doch jar nich …«

»Eben«, antwortete sie spitz. »Genau das wollen wir ändern!«

»Aber wieso denn?«, quengelte ich.

»Ich möchte, dass du die Familie deines Vaters kennst. Also mach gefälligst einen guten Eindruck, verstanden?« Leise und nachdenklicher fügte sie hinzu: »Wer weiß, wofür das mal gut ist.«

Ich starrte aus dem Fenster: Häuser, Ruinen, Menschen hasteten mit gesenkten Köpfen durch die Straßen, ab und zu Qualm. Manchmal kam mir alles so unwirklich vor. Mittendrin war ich, der in einen inzwischen viel zu kurzen, abgebürsteten, aber scheußlichen Konfirmandenanzug aus dem Lagerbestand des Ladens gezwängt, und in notdürftig mit Asche polierten Schuhen zu einer unbekannten Tante fuhr. Wozu? Das war doch haarsträubend! Viel lieber hätte ich mit meinen Freunden die Straßen unsicher gemacht und nach Abenteuern und Kleingeld Ausschau gehalten. Nun würde ich wieder stundenlang an einem Kaffeetisch stillsitzen müssen, Brot und Zichoriekaffee anstarren und mir Fragen wie: »Und, wie läuft's in der Schule?« oder Kommentare wie: »Ja, aber janz der Papa. Wie ausm Jesicht jeschnitten!« anhören müssen. Obwohl die Tante so etepetete tat, gab es nur dünnen Tee. Nicht einmal trockenen Kuchen, der noch das beste an dieser ganzen Veranstaltung gewesen wäre …

Mein Vater würde er angesichts dieser aus seiner und meiner Sicht unsinnigen Treffen nur amüsiert den Kopf schütteln und sagen: »Jetzt is mit dem Quatsch nu aber Schluss!«

»Träumerli«, nannte Annemarie mich bei meinem Kosenamen. »Aufwachen! Wir sind da.« Sie nahm mich an die Hand, wir mussten aussteigen. Nach ein paar Minuten Fußweg erreichten wir ein großes altes Mietshaus, das einmal vornehm gewesen sein musste. Doch nun hingen Drähte aus dem Mauerwerk heraus und die Haustür war aus den Angeln gerissen worden, sodass Laub und Unrat in den Flur hineinwehten. Sand knirschte unter unseren Füßen, als wir die breite Treppe hinaufliefen. Annemarie straffte die Schultern, zog ihren Rock glatt und sah mich prüfend an. Ich fürchtete schon, gleich würde sie wie früher ihren Rockzipfel mit der Zunge anfeuchten und mir damit den Dreck aus dem Gesicht wischen. Wir betraten das Haus. Es war seltsam, diesen eindrucksvollen Flur so ganz ohne Tür, ohne Grenze nach draußen zu sehen. Plötzlich taten mir die Bewohner leid; die hatten zwar Stuck und Wandbemalungen, aber wir hatten wenigstens eine Tür im Hausflur, auch wenn diese wurmstichig und von vielen Fußtritten unten ganz abgeschabt war. Die Familie, oder das, was davon übrig war, kam mir etwas seltsam vor mit all ihrem Nippes, den langen hohen Bücherregalen und den seltsamen Instrumenten im Studierzimmer, aber sie war sehr nett. Neugierig betrachtete ich das Gesicht des Mannes, der uns etwas kurzatmig begrüßte. Es war lang und schmal und ein wenig blass. Wie um dies auszugleichen, war das seiner Frau rundlich und rosarot. Ihre Tochter hieß Luise und hatte wunderschönes langes Haar, das seidig im Kerzenlicht glänzte. Ich verliebte mich auf Anhieb in sie, hätte aber eher meinen rechten Fuß geopfert, als das zuzugeben. Wir verbrachten einen anfangs etwas steifen, dann aber angenehmen Nachmittag im »Salon«. Ich war recht schweigsam, doch das fiel kaum auf, da ich generell kein Junge vieler Worte war. Nur einmal stupste mich Annemarie unter dem Tisch mit ihrem Fuß an, weil ich mit offenem Mund ungebührlich lange Luise angeschaut hatte, die gerade von ihren Klavierstunden berichtete. Ich klappte den Mund zu und zwang mich, sie nicht weiter anzustarren. Das gelang mir genau zwei Minuten. Damit es nicht peinlich werden konnte, verabschiedeten wir uns. Doch bevor wir die gut-bürgerliche Wohnung verließen, erinnerte mich Annemarie an das Gastgeschenk, das wir Luise und ihrem leider abwesenden, weil kranken Bruder mitgebracht hatten: Anisbonbons. Fast hatten wir sie vergessen. Nervös fummelte ich die durchsichtige Tüte aus meiner Tasche und reichte sie mit zittrigen Händen meiner Angebeteten, die sich herzlich bedankte. Ich sah sie aufmerksam an und sie drehte sich so, dass ich sogar für einen viel zu kurzen Augenblick »versehentlich« ihre Hüfte berühren durfte. Unwillkürlich erlitt ich einen kurzen Anfall von Atemnot. Währenddessen hatte meine Stiefmutter ahnungsvoll die Tüte mit den hellen Bonbons inspiziert, sagte aber nichts. »Oh, wie fein. Bonbons liebe ich!«, rief die Tante erfreut und griff in die Tüte, bevor ich es verhindern konnte. Aus welchem plausiblen Grund auch? Na ja, wird schon keiner dran sterben, dachte ich insgeheim, fühlte mich aber doch unwohl, als ich beobachtete, wie sich zwei Steilfalten über der Nase im runden Gesicht abzeichneten. Konzentriert lutschte sie. Ich wandte mich schon halb in Richtung Tür, gleich würde sie dem Betrug auf die Schliche kommen. Wie unaussprechlich peinlich wäre das, vor Luise, vor Annemarie, vor Tante und Onkel, vor allen ... Ich atmete schwer. Plötzlich hellte sich ihr Gesicht auf, als hätte sie in ein Spanferkel gewonnen. »Ach, ich weiß«, sagte sie und sah uns aus großen glänzenden Augen an. »Anisbonbons, das schmeckt nach Anis.« Noch immer beklommen nickte ich. »Wunderbar«, strahlte sie. »Allerdings«, jetzt kam das dicke Ende wohl doch noch ..., »allerdings«, sie machte eine Pause und fischte sich einen neuen Bonbon aus der Tüte, »sind diese hier ungewöhnlich klebrig.« Ihre kleinen Finger hatten das Bonbon schnell in den Mund geschoben und wischten den Kleberest nun verstohlen und kaum sichtbar am Rock ab. »Aber lecker sind sie.« Ihr Lachen klang hell und offen. Ich mochte sie immer mehr. Annemarie warf mir einen schnellen vielsagenden Blick zu. Mein Blutdruck hätte wohl dem meines an einem Schlaganfall gestorbenen Großvaters zu seiner schlimmsten Zeit Konkurrenz gemacht. Ich schwankte noch immer zwischen Furcht und Erleichterung. Nun bediente sich auch Luise bei den mitgebrachten Süßigkeiten; ihr Mund formte ein rundes »O«, während sie sich die Süßigkeit genüsslich auf der Zunge zergehen ließ. Ich hätte ihr ewig zuschauen können. Versonnen besah sie sich ihre Fingerspitzen und leckte sie dann weniger als ihre Mutter auf die Etikette bedacht ab. Fasziniert sah ich zu, wie sie schnell hintereinander ein zweites und drittes Bonbon aß. »Gut«, konstatierte Luise, »aber klebrig.«

Ich überlegte fieberhaft. »Haben vielleicht zu lange in der Sonne jelegen«, warf ich so gleichmütig wie möglich ein.

Die beiden Damen des Hauses nickten zustimmend. »Das wird es sein«, murmelte die Tante und reichte ihrem Mann die Tüte, der jedoch kein Interesse hatte. Auch uns wurde von der Leckerei angeboten; ich griff zu, meine Stiefmutter lehnte ab. Inzwischen war die Spannung aus meinem Körper gewichen, gut gelaunt lutschten wir drei unsere Bonbons, während Annemarie und der Onkel noch ein wenig im Flur plauderten. Ich wagte nicht zu ihr rüberzusehen – aus Angst, dass wir beide angesichts der prekären Situation laut losprusten müssten. Und so verabschiedeten wir uns zügig, und nicht ohne eine halbherzige Gegeneinladung auszusprechen.

Kaum hatten wir Familie und Haus hinter uns gelassen, sah mich Annemarie bitterböse an. Ich konnte nicht anders: Ich lachte laut heraus, gackerte und schüttelte mich vor Lachen. »Ick fand dit jerade ... so aberwitzig.« Entgegen ihrer ursprünglichen Absicht mir eine Standpauke zu halten, musste Annemarie schließlich mitlachen. Sie konnte sich der gerade erlebten Situationskomik nicht erwehren. »Oh, Aniiiiiiis«, ahmte ich die leicht lispelnde Tante nach. »lecker, aber sie kleben ein wenig ...«

Nun war es auch um Annemarie geschehen; sie musste stehenbleiben. Lachend hielt sie sich die Tasche vor den Bauch. »Du, du bist unmöglich«, stammelte sie zwischen zwei Lachanfällen.

»Wieso, hat doch allen geschmeckt«, protestierte ich. »Und die Laune war doch toll zum Schluss.«

»Lagen wohl in der Sonne ...« setzte ich lispelnd noch einen drauf. Wieder brach ein lautes kaum unterdrücktes Lachen aus Annemarie heraus. Sie rang um Fassung. Es dauerte etwas, bis wir uns beruhigt hatten.

Erst als wir in der Straßenbahn waren, verscheuchte sie kurzzeitig das alberne Grinsen auf meinem Gesicht mit der Frage: »Was hast du denn mit den Bonbons gemacht?«

»Jar nüscht«, log ich mit bester Unschuldsmiene.

»Mein lieber Freund!«, sie drehte mich zu sich um, »ich bin doch nicht meschugge! Die Anisdinger waren mit Schokolade überzogen als ich sie gekauft, oder besser, teuer organisiert für diesen wichtigen Besuch habe.« Ich verstummte schuldbewusst; ich war gierig gewesen. Warum sollten immer nur die anderen es gut haben, hatte ich gedacht? Also hatte ich einige der köstlichen Bonbons weggenascht. Doch als der Inhalt der Tüte deutlich, zu deutlich zur Neige ging, hatte ich meinen Plan geändert: Behutsam hatte ich lediglich die Schokolade, ohnehin das Beste, von den Bonbons gelutscht. Danach hatte ich jedes einzelne fein säuberlich wieder in die Tüte getan. Sie waren danach hell und glänzten wie frisch gemacht. Nur dass sie ein wenig klebten ... Meine Stiefmutter sah mich noch immer auffordernd an; es hatten keinen Zweck sie zu belügen. Also senkte ich den Blick übertrieben beschämt und gestand ihr den Schokoladenmundraub. Sie konnte es auch jetzt kaum glauben. »Was hast du gemacht?! ... Igitt, wie und dann wieder in die Tüte rein? Einfach so? ... Die abgelutschten Dinger?!« Als sie sich genug stiefmütterlich empört hatte, musste sie wiederum lachen. »Also, du bist mir ja ein Schlawiner, mein lieber Mann!«

»Aber eens musste mir zujute halten?«

»Was denn?!«

»Es hat keener wat jemerkt«, wandte ich ein. Sie grinste mir zu.

»Ja, Gott sei Dank bist du wenigstens schlau genug ...«

Aber Strafe muss sein; und meine Strafe war, dass ich Luise sehr lange nicht wiedersehen durfte.

Kapitel 5

Noch oft dachte ich an den starken »Biermann«; kurz vor der Pubertät begann ich heimlich zu trainieren und machte morgens vor dem offenen Fenster Kniebeugen und Liegestütze. Ich war es leid, immer der Kleinste und Schwächste in der Klasse zu sein. Vor allem, weil genau jener immer auf dem Schulhof »eins druff« kriegte, während die Größeren und Stärkeren in Ruhe gelassen wurden und Fußball spielen konnten.

Viele Spielsachen gab es eh nicht; ich besaß: einen Fahrradreifen, genauer die nackte Felge ohne Speichen. Der Reifen wurde mit einem langen Stock getrieben, was bedeutete, dass ich darauf schlug, bis er immer schneller die Straße entlang rollte. Da musste man selber ganz schön flink laufen können. Unser Fußball bestand aus zusammengenähten Stoffresten, der letzte richtige Ball war leider bei einem allzu gewagten Manöver einem Wandnagel zum Opfer gefallen. Den hatte ich von einer Frau geschenkt bekommen, die ein Loch im Herzen hatte, sagte man. Sie atmete schwer und hatte oft blaue Lippen, wenn sie zu uns in den Laden kam und von Annemarie ihre teuren Mäntel ändern ließ. Ich versuchte, mir ihr Herz unter der mageren Brust vorzustellen: ein großer roter Fleischklumpen, mittendrin ein Loch, wie mit einem Pfahl gebohrt – und bei dieser Vorstellung tat sie mir noch mehr leid, wenn sie mich schwach lächelnd begrüßte. Sie war eine gute Kundin. Krank, kinderlos und einsam, denke ich. Oft kam sie einfach nur in unser Geschäft, um zu reden. Mein Vater wurde schnell ungeduldig, doch Annemarie zeigte ihr immer wieder ruhig und fröhlich unsere neuen Waren, auch wenn sie, Frau Jettenfug, nur selten etwas kaufte. Und meist war es dann nur billiges buntes Nähgarn. »Mann, die hat dit Jeld sicher unter der Matratze jebunkert«, stöhnte mein Vater von Zeit zu Zeit. Zu meinem zwölften Geburtstag betrat sie mit wichtiger Miene den Laden – unter dem Arm ein in Packpapier eingeschlagenes, gut verschnürtes Bündel und lächelte mich so offen an, wie ich es noch nie gesehen hatte. Sie gratulierte mir; das war nichts Außergewöhnliches. Ich hatte mich daran gewöhnt, dass unsere Kunden zum großen Teil auch an unserem Privatleben teilnahmen, schließlich kannten mich viele von ihnen schon seit Jahren. Frau Jettenfug sah heute anders aus; ihre eigene schier unermessliche Vorfreude ließ sie viel jünger aussehen. An diesem Tag machte sie, oder ehrlich gesagt, ihr Geschenk, mein Glück vollkommen: ein echter Fußball. Das war schon etwas ganz Besonderes! Dabei hatte ich zuerst gar nichts geahnt. Nachdem ich ein wenig lustlos ihr Päckchen ausgewickelt und beim Geruch des Leders schließlich doch weiche Knie bekommen hatte, bedankte ich mich so hastig und überschwänglich, dass sie lachen musste. Hals über Kopf stürzte ich schließlich aus dem Laden.

»Fritzeken!«, rief ich auf der Straße. Fritz kam von der anderen Straßenseite herübergerannt. »Gieck ma!«

»Boah … Wo haste den denn jeklaut? Oder is bei euch der Wohlstand ausjebrochen?«

Ich antwortete nicht, sondern zog Fritz auf den heute wenig befahrenen Fahrdamm, um zu spielen; obwohl Annemarie uns das wegen der Gefahr überfahren zu werden, untersagt hatte. Den Rest des Nachmittags verbrachten wir beiden in seliger Fußballharmonie. »Komm, den zeijen wir Heinrich.« Da wohnte mein Freund noch in der Rennbahnstraße in Weißensee, so benannt, weil dort die erste Trabrennbahn in Berlin überhaupt eröffnet hatte. Gleich nebenan wohnte auch unser Mitschüler »Glatze«. Der Name rührte von seinem Nachnamen »Haarlos« her.

Fußball war mein Leben. Im Verein – wie mein Vater war ich kurze Zeit bei »Weißensee 1900« Mitglied gewesen – hatte es Lederbälle mit einer Innenblase gegeben. Die wurde aufgepumpt, und dann musste er oben zugenäht werden. Ich hatte diese Bälle gehasst, denn beim Köpfen hatte man stets ganz doof und schmerzhaft die Naht gespürt. Doch von solchen Nebensächlichkeiten hatten wir uns nicht den Spaß verderben lassen. Außerhalb des Trainings bolzten wir mit allem, was uns vor die Füße kam: Dosen, Stoffbündel, Holzklötze und sogar Fallobst ... und jetzt mit einem neuen Ball, auch wenn der zu unser aller großem Bedauern nicht sehr lange halten sollte. Ich trug die Fußballschuhe meines Vater noch auf, neue waren leider zu teuer.

Die meisten Mitschüler waren in Ordnung, aber einige aus dem Boxverein verdroschen mich immer noch regelmäßig. Ich verschwieg mein Martyrium, von den brutalen Älteren verkloppt zu werden. Ich musste mir selbst helfen. Also versuchte ich meine mickrigen Jungenmuskeln wachsen zu lassen und zu härten. Leichter gesagt als getan; ich dachte an meine Boxidole und an den bärenstarken »Biermann«, versuchte mich in Kräftigungsübungen für Arme und Beine. Nebenbei musste ich im Geschäft, weniger im Haushalt mithelfen. Dann und wann wurde ich auch für eilige Botengänge eingesetzt. Ich sah meiner Stiefmutter an, dass es sie Überwindung kostete, mich in gänzlich fremde Bezirke und Häuser zu schicken. »Warte, warte noch ein Weilchen, dann kommt Harmann auch zu dir, mit dem kleinen Hackebeilchen macht er Leberwurst aus dir.« Dieser Spruch im Volksmund erinnerte immer noch an die Greueltaten des Serienmörders, der Jungen und Männer in seine Wohnung gelockt und dann brutal ermordet hatte. Das Fleisch hatte er teilweise verkauft; keiner wusste, wie viele Menschen in dieser Zeit statt Schwein Mensch gegessen hatten. Deshalb war sie immer sehr erleichtert, wenn Heinrich, der meist nichts zu tun hatte und froh war, seiner kinderreichen Familie ein paar Stunden zu entkommen, mich begleitete. Oft steckte sie uns noch eine kleine Wegzehrung zu; hauptsächlich als Bestechung für Heinrich, glaube ich …

Ich hatte sonst recht viel Freizeit, die ich natürlich am liebsten mit Fußball verbrachte. Wir hatten uns unseren ersten Ball aus Lumpen gewickelt, ein Flickenei war das gewesen … Den kickten wir wie besessen gegen die Innenhofmauer, bis der Dreher von unten zum dritten Mal: »Jetzt is aber Schluss, sonst komm ick raus!« brüllte. Beim dritten Mal, das wussten wir aus Erfahrung, war seine Geduld zu Ende und wir mussten sehen, dass wir Land gewannen. Nun ist eine Großstadt nicht unbedingt prädestiniert, um dort in Ruhe einer Ballsportart nachzugehen. Stundenlang suchten wir nach einem, geeigneten Ort; überall war es voll, laut und eng. Dennoch fanden wir immer wieder ein Plätzchen, an dem wir zumindest eine zeitlang Hacke,

Spann und Vollspann trainierten konnten. Nicht selten fanden sich weitere Jungs und Mädchen ein, die uns zu einem Spielchen herausforderten. Natürlich nahmen wir an – Ehrensache. Allerdings machten wir uns einen Spaß daraus, schlechte Pässe und alberne Stolperschritte vorzuführen, sobald wir beobachtet wurden. So unterschätzen uns die meisten Herausforderer. Gnadenlos nahmen wir sie dann aus. Beim Wetteinsatz, der vorher eingebracht werden musste, waren Murmeln, Bildchen und Halstücher zugelassen, sowie alles Essbare. Meist glaubten die Gegner noch an eine leichten Sieg. Aber beim ersten Vorstoß unsererseits wurde ihnen klar, dass sie sich mit ihrer Überheblichkeit in die Nesseln gesetzt hatten. Wir machten sie platt, unbarmherzig zogen wir sie ab. Sie sahen keine Sonne, so sehr sie sich auch bemühten; zu eingespielt und wendig waren wir, zu gut kannten wir unseren Lumpenball, zu leidenschaftlich spielten wir, jedes Mal, als wäre es das letzte Mal. Hechelnd und puterrot vor Anstrengung und Wut sahen uns die Unterlegenden dann grimmig dabei zu, wie wir mit dem Sieg auch ihre kostbaren kleinen Schätze mitnahmen. Allerdings sprach sich das schnell rum, und bald wollte keiner mehr gegen uns spielen; nur noch mit uns zusammen in einer Mannschaft …

Unser Kurzwarengeschäft in der Langhansstraße war nicht allzu weit entfernt von der Friedrichstraße, wo ein Kuhstall täglich frische Milch anbot. Oft nutzte Annemarie ein paar ruhige Minuten im Laden, packte mich am Ärmel, und wir beide liefen mit Kochgeschirr bewaffnet in die Sonne hinaus. Damals gab es einiger solcher Stadtställe. Zwar mochte ich den herben Geschmack der ganz frischen, noch warmen Milch nicht, aber ich liebte die Milchsuppen, den süßen Grießbrei und den Milchreis, den meine Ziehmutter aus dem weißen Lebensmittel zauberte.

Unsere Wohnung lag im dritten Stock, Hinterhaus Aufgang e. Sie bestand aus zwei kleinen Zimmern, einer Kammer und einem engen Flur. Der Ofen stand im Flur und auf dem Balkon wurden die kleinen Teppiche ausgeklopft; die Großen, Annemaries ganzer Stolz, an der Teppichklopfstange im Hof. Dort stand auch eine alte Kastanie. In ihren Ästen schlief gern die Katze Minkel, eigentlich Eigentum der Witwe Bolte, doch sie war so verwildert, dass man sie inzwischen eher dem Haus an sich als Frau Bolte zuordnete. Manche Jungs aus der Clique warfen mit Steinen nach ihr, doch ich beschützte sie. Von klein auf hatte sie sich von mir streicheln lassen und wärmte manchmal auf meinem Schoß liegend angenehm meine Beine, während ich andächtig ihrem weichen feinen Schnurren lauschte. Ich liebte diese Katze und spielte mit ihr. Wenn keiner hinsah, legte ich mich sogar flach neben sie auf den Boden und trank mit ihr gemeinsam aus einer kleinen Schale schmutzig weiße Milch. Ich fühlte mich ihr sehr verbunden und erzählte ihr vieles, was mich beschäftigte. Aber das durfte natürlich keiner wissen, sonst hätten sie mich »Mädchen« genannt und sich darüber lustig gemacht. Schließlich hatte ich einen Ruf zu verlieren. Nicht umsonst war ich die »Bombe«; wenn ich richtig abzog, am liebsten mit der Pieke, dann war mein Schuss kaum zu halten, jedenfalls von keinem, den ich kannte. Nur Herthas Torwart hätte eine Chance gehabt, wenn ich den Ball richtig traf – und auch der nur vielleicht, lächelte ich in mich hinein.

Kapitel 6

Unsere »Mischpoke« – vor allem die meines Vaters – war groß und weit verzweigt. Immer unübersichtlicher wurden die einzelnen Familienstränge mit der Zeit und der steigenden Kinderzahl: sechs, acht, ja sogar zwölf Kinder waren keine Seltenheit, auch wenn meist nicht alle überlebten; Unterernährung, Tbc, Scharlach und viele andere Krankheiten rafften etwa ein Viertel der Kinder dahin, bevor sie das fünfte Lebensjahr erreichten. Insofern hatte ich noch Glück gehabt. Auch die Waisenhäuser waren voll, gerade in der Großstadt. Angenommene Kinder waren nicht unbedingt eine Seltenheit. Onkel Karl hatte sogar ganz allein einen Jungen, Ottfried, aufgezogen. Sie wohnten in der Rykestraße, in der es eine Synagoge gab, was ein bisschen interessant für unsereins war. Dort hatte Ottfried früher oft gespielt, hatte mit den Menschen geplaudert, die in die Synagoge gingen und sich von ihnen hin und wieder mit Bonbons beschenken lassen, hatte man mir erzählt. Inzwischen aber war er bei der SA – seine zackigen Bewegungen und seine ernste wichtige Miene bereiteten mir Unbehagen, wenn ich ihn traf. Seine Uniform weniger, denn ähnliche Sachen sah ich jeden Tag in unserem Laden. »Braune Ware« hießen bei uns die Joppen und Hosen, die Braunhemden in diesen schlammfarbenen Tönen für die Pimpfe und die Hitlerjugend, unterschiedlich anzusehen: Sommeruniform und Winteruniform und außerdem verschieden nach der Art des Dienstes. Unser Laden führte auch Fahnen und Wimpel, Abzeichen, Armbinden, Führerschnüre und Ausrüstungsgegenstände wie Trommeln und Fanfarentücher. Die Leute im Laden besprachen Kriegsmeldungen, die Gesichter zeigten ausgeprägte Stirnfalten oder glänzende Augen. Manch einer ging nun aufrechter, während der Rücken anderer immer krummer zu werden schien. Ich lauschte mit halbem Ohr so manchem Gespräch, schnappte verbittert hervorgepresste Kommentare von Müttern auf, die das Braun der Kleider verdächtigten, nur das geronnene Blut der auf dem Felde gefallenen Söhne besser kaschieren zu sollen. Doch gerade einige junge Männer sahen sich gern in ihren Uniformen. Sie tauschten sie mit Freude gegen ihre abgetragene Zivilkleidung oder die schmutzige Arbeiterkluft. »Sieht doch fesch aus! Macht wat her. Da wird man nich so leicht übersehen. Und starke Arme macht et ooch«, lachten sie.

Es war ein regnerischer Tag. Ich saß in der Nähe von Annemarie, linste ab und zu zu ihr und den Kunden rüber, sortierte Knöpfe oder half beim Kisten auspacken und Ware einsortieren. Noch lieber hätte ich jedoch in einem Geschäft ausgeholfen, das Sportsachen führte. Denn ich träumte von einer perfekten Ausstattung, von richtiger Kleidung. Ich würde so gut aussehen, dass … dass … ja, was eigentlich passieren würde? Dass Herr Walter von nebenan auf jeden Fall sofort seine Kamera mit dem mächtigen Blitzgerät hervorholen und ein beeindruckendes Porträt von »Berlins bestem Jungendspieler« machen würde. Er würde einen großen Artikel schreiben, der auf der Titelseite der größten Berliner Zeitung erschiene. Ich wäre eine Berühmtheit und alle würden sich darum reißen, mir einen neuen Lederball zu schenken und unseren Bolzplatz ordentlich herzurichten. »Egon, träum nich. Hilf mir mal mit dem Karton. Dit hier muss allet schnell noch zur Erna«, riss mich mein Vater aus meinen Tagträumereien. Die Erna war unsere älteste Büglerin, sechsundachzig Jahre schon alt, sie sah nicht mehr so gut, aber Oberhemden konnte sie im Schlaf bügeln. Und schnell war sie für ihr Alter! Sie saß gleich zwei Häuser weiter in ihrem Kämmerlein. Ich sputete mich, obwohl ich viel lieber noch weiter rumgetrödelt hätte, denn ich sah, dass mein Vater seine Hängebacken machte; das tat er nur, wenn er nervös war. Ich flitzte mit dem schweren Karton voll Wäsche nach draußen.

Als ich wiederkam, hockte Heinrich auf der Stufe. Er wirkte etwas angeschlagen. Gerade war wieder ein Paar dabei eine braune Uniform zu kaufen. Sie schauten sich die Auswahl an. Ich sah, wie Heinrich die beiden durch die offene Tür beobachtete. Auch ich besaß einen Stahlhelm und ein Koppel, doch war ich kein Mitglied der HJ. »Reicht, wenn eener zu den Spinnern muss …«, pflegte mein Vater in seinen Bart zu murmeln. Er trug den Bonbon, das Parteiabzeichen, denn er konnte oder wollte nicht darauf verzichten die braune Ware, ein gutes und damals sicheres Geschäft, anzubieten. Allerdings wurde es ganz hinten, kaum sichtbar im Ladenraum gelagert. Als Parteimitglied ging er regelmäßig zu ominösen Treffen, nach denen ich ihn nicht fragen durfte, über die er sich dennoch oft ungefragt bei seiner Frau beschwerte.

»Willste mal wat sehen?«, begrüßte ich Heinrich angeberisch. Wir drückten uns an den Erwachsenen vorbei. Schnell zeigte ich meinem Freund meine »braunen« Sachen, doch zu meiner Enttäuschung war er wenig beeindruckt. Dabei hatte ich gehofft, ein bewunderndes Staunen, vielleicht sogar ein anerkennendes Schulterklopfen angesichts meiner kindlichen Schätze zu ernten.

»Solchen Scheiß darf ick eijentlich jar nich anfassen. Wenn dit mein Vadder wüsste«, sagte er nachdenklich, während er die glänzenden Dinge in den Händen drehte und genau betrachtete. »Is doch n Roter«, flüsterte er, »dürfen wir aber zur Zeit nich laut sagen«, fügte er schnell hinzu. »Also halt ja die Klappe«, setzte er nach. »Wo doch dein Vater … also im Laden …« Er verstummte, sah mich erschrocken an.

Ich hob die Hand. »Ick schweije wie een Grab. Indianerehrenwort!«, versprach ich. Politik fand ich eh langweilig, aber ich wusste, wann ich meinen Mund zu halten hatte. Die Kinder in der Schule, vor allem die Jungs kannten sich prima mit Panzern und Schusswaffen aus. Sie konnten Modelle und ihre Leistungen genau benennen, übertrumpften sich gegenseitig mit Detailwissen und diskutierten leidenschaftlich Fachfragen. Mich interessierte nur Fußball. Ich fand die Frage spannend, wie viele Tore theoretisch in einem Spiel geschossen werden könnten, wenn die schlechteste und die beste Mannschaft aller Zeiten aufeinanderträfen. Im Physikunterricht überlegte ich stundenlang, wie man den Ball am besten präparieren könnte, damit er bei Nässe nicht vom Fuß rutschte. Ich grübelte, während mein

Geografielehrer die Weltkarte mit kleinen Hakenkreuzfahnen bestückte, welches Land wohl die jüngste Profimannschaft hatte und in Biologie zermarterte ich mir den Kopf, ob der Wadenumfang in Relation zur Schusskraft stand. Die Erziehung in der Schule war vom Staat komplett übernommen worden, bis hin zum Lehrpersonal und der Schulleitung war der Einfluss der Nazis doch nicht lückenlos. Viel Interessantes zu lernen gab es allerdings auch nicht: Jeder Lehrer wollte uns an der gigantischen Landkarte zeigen, wo die Deutsche Wehrmacht überall »erfolgreich« kämpfte.

Unser rotnasiger Pauker Herr Schucker, der »Schlucker« wie er wegen seines übermäßigen Alkoholkonsums von uns hinter seinem Rücken genannt wurde, war da keine Ausnahme. »Pass bloß uff bei dem«, warnte uns Fritzchen, »meine Mudder hat jesacht, Musiker und Ex-Soldaten haben nah am Alkohol jebaut ...«

Bedächtig spickte Herr Schucker die Karte mit roten, schwarzen oder weißen Fähnchen, wenn er vor uns stand. Er tat dabei so, als wäre all das ganz allein sein Verdienst. »Keine Armee der Welt kann uns aufhalten!«, schwadronierte er gern etwas schläfrig, und ließ sich damit prima vom eigentlichen Unterrichtsstoff ablenken. Denn sobald nur einer ihm eine Frage nach seinen eigenen Fronterlebnissen im Ersten Weltkrieg stellte, begann er Geschichten zu erzählen und konnte nicht mehr aufhören. Er redete stundenlang und hätte wahrscheinlich bis in die Nacht hinein erzählt, wenn es nicht regelmäßige Unterbrechungen gegeben hätte. Somit fiel auch so manche Klassenarbeit aus, was uns natürlich entgegenkam. Allerdings wurde es von Mal zu Mal schwieriger Interesse zu heucheln, denn seine Erzählungen wiederholten sich; es gab »im Westen nichts Neues«.

Dabei war unser Lehrer noch moderat. Regelmäßig hörten wir aus dem angrenzenden Klassenraum lautstarke »Sieg Heil!«-Rufe. Der Lehrer der Parallelklasse bestand darauf, jeden Tag mit allen anwesenden Schülern eine Art Götzendienst abzuhalten. Er kannte jede Rede seines »geliebten Führers« auswendig. Ich versuchte ihm auf dem Gang immer auszuweichen; ich ekelte mich regelrecht vor ihm.

Da hörte ich mir lieber die immer gleichen öden Erlebnisse meines ältlichen Lehrers an und spielte dabei heimlich mit Heinrich unter der Bank »Schiffe versenken« oder Daumenhakeln, denn wie ich von Annemarie wusste, hat der Daumen so viel Kraft wie alle anderen Finger zusammen.

Kapitel 7

Es war Sonntag. Mein Vater und Annemarie waren auf irgendeiner Vergnügung für Erwachsene. Ich fand es schön die Wohnung für mich zu haben; die leeren Räume schienen zu mir zu sprechen. Ich starrte aus dem Fenster, mopste mir die eine oder andere versteckt geglaubte Leckerei und stöberte heimlich in den Sachen meines Vaters. Ich hoffte etwas von meiner verstorbenen Mutter zu finden: ein Taschentuch, ein Schmuckstück, irgendetwas. Doch niemals wurde ich fündig, so gründlich ich auch suchte, wobei ich mir die allergrößte Mühe gab unauffällig vorzugehen. Ich prägte mir genau ein, wo was lag, bevor ich etwas im Schlafzimmer anfasste. Doch in den Schubladen und Schränken lagen nur Socken, Hosen und verstaubte Angelruten. Die Kirchturmuhr schlug vier. Ich stand im Flur vor der Reihe vergilbter Fotografien an der Wand. »Unsere Ahnengalerie«, scherzte mein Vater stets. Ich betrachtete die Gesichter aufmerksam. Eines nach dem anderen. Wie immer blieb ich zum Schluss vor dem Porträt meiner Mutter stehen. Wie sie wohl gewesen war? Zu gern hätte ich sie kennengelernt, nur einen Tag, eine Stunde. Nur um zu wissen, wie sie sprach, wie sie roch, was sie dachte. Ob sie sich auf die gleiche Weise wie Annemarie das Haar aus dem Gesicht strich? Wie wohl ihr Lachen geklungen hatte – und überhaupt: ihre Stimme …? Ich beugte den Kopf vor, bis meine Nasenspitze die ein wenig unscharfe Fotografie berührte. Ich sah ihr in die Augen, aber konnte auf diese Entfernung nicht viel erkennen. So sehr ich es mir auch wünschte, sie blieb mir ein Rätsel. Ihre dunklen Augen, ihr sensibler Mund; niemals würde ich sehen, wie der Wind mit ihrem Kleid spielte. Zu schön wäre es gewesen, mit ihr, Annemarie und meinem Vater einmal zusammen zu sein. Im Wohnzimmer oder im Park zu sitzen, oder noch besser auf dem Sportplatz. Und dann würde ich ihr zeigen, was ich drauf hatte, was für einen Sohn sie geboren hatte. Dass es sich gelohnt hatte. Wenn sie nur nicht gestorben wäre ... Tränen rannen mir über die Wangen. Mein Gott, war ich in den letzten Jahren eine Heulsuse geworden. Ich riss mich von dem Bild los, schnappte mir meine ausgelatschten Schuhe und lief hinüber zum Bolzplatz. Ich musste jetzt ein paar Mal ordentlich aufs Tor donnern, danach würde es schon wieder gehen ... Ich wollte den Rest des Nachmittages nutzen; morgen war schon wieder Schule.

In dieser Woche wurde alles anders: Obwohl mein Vater genauso ein Fußballnarr war wie ich – auch er hatte lange gespielt, von ihm hatte ich diese Leidenschaft und vielleicht auch das Talent geerbt – war er normalerweise streng, was die Schule betraf. »Du hast wat im Kopp, dit is ein Geschenk, dit musste nutzen, Fußball hin oder her ...« Wenn Heinrich und ich die Schulaufgaben mehr schlecht als recht hinschmierten, um schnellstmöglich wieder auf den Bolzplatz zu kommen, wurde er böse. Er schickte mich trotz Schulgeld auf die Oberschule, wo ich später mit Auszeichnung meinen Abschluss machen und dann »wat Ordentliches« wie Kfz-Mechaniker lernen sollte. Waren früher in den unteren Klassen auf der Volksschule in der Wilhelmstraße, meine Schreibübungen auf der

Schiefertafel nicht gut genug gewesen, hatte mein Vater sie einfach abgewischt. Immer und immer wieder. »Du kannst Rotz und Wasser heulen«, hatte er unnachgiebig erklärt, wenn ich vor Wut stampfend vor ihm gestanden hatte, weil er zum dritten Mal in einer Stunde meine Bemühungen mit zwei schnellen Handbewegungen zunichte gemacht hatte. »Wenn du dit jetzt nich ordentlich machst, wirst du es nie ordentlich machen – und dann wirste es ooch nie zu wat bringen. Höchstens zum Hilfsarbeiter, der seinen schmalen Lohn versäuft. Und dazu biste einfach nich dumm jenug. Schließlich biste mein Sohn! Wäre ne Schande, wenn du nich lernst, dein Köpfchen zu benutzen. Dit würde ick mir nie verzeihen.« Nach kurzem Zögern hatte er hinzugesetzt: »Und Anna ooch nich.« Vor Schreck hatte ich direkt aufgehört zu nölen, denn von meiner Mutter redete er äußerst selten und ich wollte kein einziges Wort verpassen ... Er kontrollierte regelmäßig meine Hausaufgaben sehr gewissenhaft, wenn ihm Zeit blieb.

Doch heute war er etwas fahrig, bemerkte sogar einen Rechenfehler im Heft nicht, und er nickte nur zerstreut, als ich fragte, ob das so in Ordnung sei. »Ja, ja, jeh nur ...« Das machte mir Angst, so sehr ich seine »Korinthenkackerei« sonst auch hasste. Ich schlich betreten durch den Flur. Noch immer lag der geöffnete Brief auf der Kommode. Ich machte einen Bogen um ihn, wollte ihm nicht zu nahe kommen, nicht einmal eines Blickes würdigen, als würde das irgendetwas ändern ...

Vorgestern war er gekommen. Einen ganzen Tag hatte der Umschlag im Flur auf der Ablage gelegen, was ungewöhnlich gewesen war, da meine Eltern die Post immer zügig durcharbeiteten, schließlich handelte es sich in der Regel um Geschäftliches. Mein Vater jedoch schien diesen Brief schon erwartet zu haben, aber nicht auf die Art, wie man ungeduldig eine gute Nachricht erwartet. Im Gegenteil. Stumm ging er den ganzen Tag an dem amtlich aussehenden Kuvert vorbei. Erst gegen Abend konnte er sich dazu durchringen es zu öffnen: niedergeschlagen, jedoch wissend, dass es keinen anderen Weg gab, dass man sich in das Unvermeidliche fügen musste. Annemarie und ich saßen ihm gegenüber am gedeckten Abendbrottisch. Er überflog den Text und steckte das beschriebene Blatt dann wieder säuberlich gefaltet in den Umschlag zurück.

»Und?«, fragte Annemarie besorgt.

»Wie wir uns jedacht haben. War ja ooch klar irjendwie«, antwortete er.

Ich rutsche unruhig auf meinem Stuhl hin und her.

»Wat steht denn da?«, wollte ich wissen.

Gleichzeitig sahen mich Annemarie und mein Vater sprachlos an.

»Dit is mein Gestellungsbefehl!«, erklärte er. Ich schüttelte kaum merklich den Kopf.

»Die erneute Einberufung zum Kriegseinsatz.«

»Wer ruft dich denn?«, versuchte ich zu scherzen, aber es misslang gründlich.

»Vati muss in den Krieg«, flüsterte Annemarie mit schwimmenden Augen mehr zu sich selbst als mir zu.

»Aber ick dachte, du warst schon im Krieg«, entgegnete ich kleinkindhaft. Ich wollte diese grausame Logik einfach nicht in meinen Kopf lassen.

Mein Vater lachte ernst auf.

»Ja, aber dit war der letzte Krieg. Hier im neuen soll ick ooch mitkämpfen.«

Er senkte kaum merklich die Lider. »Mit fünfundvierzig Jahren noch mal ›Kämpfen für Volk und Vaterland‹.«

»Aber du kannst nicht einfach weg. Du hast doch den Laden zu führen.«

»Alle Männer müssen kämpfen«, sagte er deutlich. Betretendes Schweigen senkte sich auf uns herab.

Ich überlegte, wie viele Kriege es wohl noch geben musste.

Er sah auf: »Der Laden bleibt doch. Und ihr müsst nich Hunger leiden. Du bekommst Entschädijungsjeld zum Leben für dich und Egon.«

»Ich will kein Geld; ich will, dass du hier bleibst, wir zusammen arbeiten, wohnen, leben …« Schluchzen unterbrach ihren Redefluss kurzzeitig. »Und überhaupt, das bisschen – davon kann man doch nicht leben und nicht sterben.« Wir sagten kein Wort mehr.

Bevor die Stille unerträglich wurde, erwiderte mein Vater halbherzig: »Wat sein muss, muss sein.« Er sah unglücklich aus. »Ick kann es nich ändern, so jern ick auch wollte«, fügte er resigniert hinzu. »Glaubt mir, einmal im Krieg reicht für ein janzet Leben …« Ich wollte aufstehen, ihn umarmen, ihn nie wieder loslassen; vergessen waren all die Backpfeifen, der Streit, der unser Verhältnis manches Mal überschattet hatte. Nichts davon wichtig. Was zählte war allein seine Gegenwart. Doch meine Beine gehorchten mir nicht; ich brachte es nicht fertig aufzustehen. Stocksteif saß ich da und beobachtete diese mir irgendwie unwirklich erscheinende Szene.

»Wann?«, wollte Annemarie wissen. »Wann musst du hin?«

»Übermorjen.«

»Was?! So schnell schon?« Sie wurde blass und suchte händeringend nach Argumenten, die solch einen raschen Aufbruch unmöglich machten. »Aber aber, das geht doch nicht. Wir kriegen doch eine Lieferung und die Näherinnen für die Uniformen ... und ich schaffe das nicht alleine. Das musst du denen sagen: Ich schaffe das nicht ohne dich. Wie soll ich den Laden alleine ... und den Haushalt und den Jungen ...? Und das in diesen Zeiten, wo wir unsere Männer mehr denn je brauchen! Wird doch alles immer teurer und knapper. Wilhelm, sag doch was!« Sie weinte jetzt. »Das ist doch kriegswichtig, ist das doch ...!« Salzige Tränen fielen auf die Pellkartoffeln und die Heringshappen, die ihren Teller bedeckten. Nur der Gurkensalat blieb verschont, wie ich verwirrt beobachtete.

Mein Vater sah erst mich an. Dann sie. Er legte jedem von uns eine seiner kleinen rauen Hände auf die Schulter.

»Ihr Beeden schafft dit schon – ooch ohne mich!«

Beim Anblick von Annemaries verquollenem Gesicht kamen auch mir die Tränen, und ich hörte, wie sie beim Fallen in die leere Blechtasse unter meinem Kinn ein helles, klirrendes Geräusch verursachten.

»Habt keene Angst«, versuchte er tapfer zu sein. »Mir wird schon nüscht passieren. Und euch ooch nich, verstanden. Wir müssen alle jut auf uns uffpassen. Ihr hier und ick dort.«

Annemarie stöhnte vor Verzweiflung auf. »Wenn du nur wiederkommst ...«

»Na, und wie ick wiederkommen werde! Glaubst wohl, du kannst dir hier allet alleene untern Nagel reißen. Nee nee, Fräulein; dein Männe kommt wieder heeme und denn übernehme ick wieder dit Ruder – da kannste sicher sein.« Annemarie versuchte ein Lachen, verbarg aber gleich darauf wieder das Gesicht in ihren Händen.

»Schau«, tröstete er sie betont munter, »beim ersten Mal damals bin ick ooch mit heiler Haut davonjekommen. Die Kugeln pfeifen einfach immer an mir vorbei ... Ick bin ein Glückskind, so schnell krieg ick nüscht ab.« Ich schniefte in meinen Ärmel. »Hier, schaut her, ihr zwei!« Mein Vater wedelte albern mit Händen und Füßen. »Na? Nüscht passiert, allet noch dran!«, bemühte er sich uns den Sorglosen vorzuspielen. »Ick komm janz schnell wieder heil nach Hause. So nen alten Esel wie mich wollen die doch jar nich lange da haben. Bin ja viel zu lahm im Gejensatz zu den jungen Burschen.«

Annemarie und ich heulten um die Wette. »Wie peinlich! Und dit, wo du schon bald vierzehn wirst«, hätte Heinrich moniert, ich hörte direkt seine Stimme in meinem Kopf, aber das war mir egal. Mein Vater musste gehen, und vielleicht würde ich ihn niemals wiedersehen.

Kapitel 8

Ich war ein Morgenmuffel. Ich hatte zwar nichts gegen die Schule an sich, aber von mir aus hätte der Unterricht am Nachmittag stattfinden können. Wobei, wann hätte ich dann Zeit für den Fußball finden sollen? Hm, eine Zwickmühle. Jeden Morgen grübelte ich verschlafen aufs Neue darüber nach und kam zu dem einzig möglichen Schluss: ganz auf Schule zu verzichten und nur noch Fußball zu spielen. Sie war doch nur Beiwerk auf meinem erträumten Lebensweg. Wobei sollte ein Fußballer chemische Gleichungen lösen sollen? Und überhaupt: Wozu sollte ich all das Zeug lernen, wenn man doch den ganzen Tag auf dem Platz stehen würde? Heute wurde ich von den lauten Rufen meines Vaters geweckt: »Annemarie, noch Kaffee ...!«

»Kommt gleich«, schallte es aus der Küche zurück.

Ich rollte mich schwerfällig aus dem Bett und setzte mich mit an den Tisch. Ich warf einen Blick in die abgelegten Blätter der Zeitung – nichts Interessantes, wie ich fand. Kaum hatte ich zu Ende gegessen, nahm mir mein Vater die Zeitungsseiten grinsend aus der Hand: »Die brauchste doch nich mehr, oder?« Ich beantwortete die rhetorische Frage gar nicht erst. Ich wusste, was jetzt kam: Mein Vater verschwand jeden Morgen gleich nach dem Frühstück für eine gute halbe Stunde auf der Toilette – mitsamt der Zeitung, selbst wenn er sie schon mehrfach gelesen hatte. Seine Verdauung war so regelmäßig und verlässlich wie das Amen in der Kirche. Allerdings verfügte unsere Wohnung, wie die meisten Mieteinheiten nicht über eine eigene Toilette. Der Gemeinschaftsabort befand sich auf dem Flur; im Hausflur an der Seite gab es ein entsprechendes kleines Schild, das Jugendliche mit obszönen Zeichnungen verunstaltet hatten. »Brrrr, hier is et wieder mal arschkalt«, stellte mein Vater im Winter fest, wenn er mich zuerst »Pipi« machen lassen und sich schließlich selbst auf die Schüssel gesetzt hatte. Er tat das immer schon, bevor ich selbst ganz aus der Tür raus war, »is doch dit Natürlichste der Welt – selbst Könije und Kaiser, ja sojar unsere Minister müssen ... dit tun, wat die Natur vorschreibt, warum also dieset Jetue?« Mir war das unangenehm, ich machte immer, dass ich schnell rauskam. Ich stand dann draußen vor der Tür, und wenn gar zu eisige Temperaturen herrschten, wies er mich mit bibbernder Stimme durch das dünne Holz der Toilettentür, die uns trennte, an, in den Laden zu laufen und ihm »die Sonne in den Arsch scheinen« zu lassen, weil es wie üblich »eine längere Sitzung« werden würde. »Wichtige Jeschäfte« warteten auf ihre Erledigung, die keinen Aufschub duldeten, gab er mir mit schelmischem Unterton zu verstehen. Das bedeutete, dass ich schleunigst in den Laden laufen sollte, um dort an der hinteren Wand im abgetrennten Zimmer einen Heizstrahler einzuschalten: Mein Vater hatte ein kleines Loch gebohrt, eine winzige Leitung gelegt, sodass die produzierte und weitergeleitete Wärme wenigstens verhinderte, dass »ihm der Arsch auf der Brille fest friert«. Unsere Nachbarn waren immer begeistert, wenn sie direkt nach der morgendlichen Sitzung meines Vaters auf die Toilette gehen konnten, weil es dann noch einigermaßen warm war auf dem »Jemeinschafts-

Lokus«. Allerdings mussten sie diesen Luxus mit einer Geruchsbelästigung erster Güte bezahlen, der nur abgebrühte Nasen standhalten konnten. Doch mein Vater zuckte nur die Achseln, wenn der nächste aus der Schlange sich auf die noch warme Brille gesetzt, aufgrund des durchdringenden Gestankes aber laut und angewidert gestöhnt hatte – eine Prise hatten bereits die draußen Wartenden abbekommen – »Tja, ick scheiß eben ooch keene Rosenblätter«, war sein einziger Kommentar. Eine Schlange gab es vor der Toilette eigentlich jeden Morgen, denn bekannter- und erwiesenermaßen ist die menschliche Verdauungstätigkeit zu dieser Zeit des Tages am stärksten. Richtig »kriminell«, wie meine Stiefmutter es bezeichnete, wurden die Provisorien der sich dennoch erleichtern müssenden Bewohner, wenn die Wasserleitungen gefroren waren. Wenn mein Vater seine Dauersitzung zelebrierte, klopften unweigerlich nach einer Weile verärgert die anderen Mieter. In ihrer Not hämmerten sogar einige empört und zur Eile drängend gegen die Tür, aber das war ihm egal. Diese halbe Stunde vor Ladenöffnung war seine Meditation. Stets nahm er die Zeitung mit, las recht entspannt oder unterhielt mich durch die Tür hindurch Anekdoten (»Nasenkrümel-Gourmets« nannte er Popelesser und »Popeldepot« die Nasenlöcher – jene könnten verschiedene Popel am Geschmack unterscheiden, versicherte er mir), zweifelshafte Lebensweisheiten (»Lieber reich und gesund als arm und krank …«, »Lieber arm dran als Arm ab«) oder selbst erdichtete Schamlosigkeiten. Sein liebstes Gedicht dieser Art, besonders wenn die arme Frau Schwarz nachdrücklich darum bat das Klo endlich freizumachen, war:

»Een altes Weib wollt scheißen jehn,
doch die Tür, die war verschlossen.
Da sah es eene Leiter stehn,
da schiss es durch die Sprossen!«

Viel später, als er schon lange im Krieg war, überlegte ich mir oft, um ihn mir nicht in beschossenen Schützengräben vorstellen zu müssen, wie er lange und fröhlich auf der Latrine oder über einem Erdloch hockte und dabei las, ein Liedchen pfiff oder Unanständigkeiten zum Besten gab ... Doch bevor ich Annemarie davon erzählen konnte, war mir das Grinsen meist im Halse stecken geblieben.

Kapitel 8

Ganz anders als das Verhalten meines Vaters war das meiner Stiefmutter Annemarie. Sie stammte zwar ebenso aus »einfachen Verhältnissen«, war aber stets darauf bedacht, etwas »Benimm in den Laden zu kriegen«. Sie bestand darauf, die Notdurft elegant zu umschreiben, generell keine Fäkalwörter zu benutzen, ordentlich mit Messer und Gabel zu essen, statt gierig mit dem Löffel zu schaufeln, wie es mein Vater gern tat. Ein ums andere Mal nötigte sie uns beim Essen die bereit gelegten Servietten auch zu benutzen. Außerdem schwärmte sie für »die schönen Künste«, las gern Romane, liebte die Musik, träumte vom Theater und hatte sogar einige Male eine Kunstausstellung in Berlin besucht. »Ein bisschen Kultur muss der Mensch doch haben.« Damit eröffnete sie sonntags gern das Frühstück, das vom Radioorchester aus dem Volksempfänger begleitet wurde. Mit ihr bin ich sogar einmal in der Oper gewesen, mit dem Ergebnis, dass sie verzückt auf die Bühne gestarrt und ich vor Langeweile überlegt hatte, dass diese einen prima Fußballplatz abgeben würde. Aber der Nachhauseweg ist schön gewesen, erinnere ich mich: Annemarie war aufgedreht von der Musik und den Eindrücken des Abends; ihr Lachen klang rau und kehlig, als würde jemand mit einem Geigenbogen über Stein streichen. Die schön geschwungenen Laternen am Gendarmenmarkt erhellten den Platz. Ihre zierliche gußeiserne Ornamentik krönte das gläserne Haupt einer jeden Lampe. Die gefrorenen Sträucher trugen funkelnde Spitzen aus Eis an den Zweigen. Keine größeren Sorge als die der Hausaufgaben, keinen Grund für schmerzhafte Sehnsucht nach meinem Vater, noch keine Angst zur Flakjugend zu müssen. Noch nicht zu ahnen, dass in Berlin 1945 zerschossene Hauswände, geduckte Gestalten, flackernde Restbrände, abfackelndes Gas in den Hausruinen, Verletzte, Flüchtende und Tote das Bild dominieren sollten.

Annemaries ganzer Stolz war ihr Schminktischchen, »an dem ich mich so gern schön mache«, wie sie kichernd erklärte. Darauf stand eine weiße Puderdose mit Quaste, ein knallroter Lippenstift, »Clownschminke« wie mein Vater immer abfällig witzelte, und ein Parfüm. Ein kleiner roter Gummiball brachte es zum Sprühen. Der Gummiballon war mit Seide umhüllt, unten hing eine Quaste dran. Sie wirkte – im Gegensatz zu den meisten anderen Frauen in unserem Viertel – gepflegt, obwohl das eine Menge Mehrarbeit bedeutete. Sie wusch und bügelte zwar »schon von Berufs wegen« ständig und achtete darauf, dass wir immer einigermaßen gut gekleidet herumliefen, aber das Optische war ihr bei »ihren beiden Männern«, wie sie uns nannte, schon wichtig. Mit meinen dauerhaft fleckigen Hosen, besonders Knie und Schienbeine waren beim Fußballspielen einfach nicht sauber zu halten. So sehr ich mich auch bemühte, um ihr eine Freude zu machen, schaffte ich es nicht selten, sie entsetzt und ungläubig die Hände über dem vollen blonden Haar, das sie jetzt gern als eleganten Knoten trug, zusammenschlagen zu lassen. »Meine Güte, wie siehst du nur wieder aus?!« Aber sie resignierte nie, machte sich gleich nach Feierabend, sobald das Geschäft geschlossen und die letzten Aufträge vorbereitet waren, an die Arbeit. Und wie durch Zauberei lag am nächsten Morgen meine Hose wieder sauber und trocken auf meinem »stummen Diener«, ein halbhoher Kleiderständer für Hose, Hemd und Jacke. Manchmal hatte ich morgens direkt ein schlechtes Gewissen die frische Hose anzuziehen, wusste ich doch nur zu gut, dass sie in wenigen Stunden, spätestens nach dem Fußballmatch in der großen Pause wieder genauso schmuddelig aussehen würde wie gestern.

Nur ab und zu, wenn sie sich sehr aufregte, was aufgrund ihres Temperamentes schon mal geschah, kam ihre Herkunft doch durch. Dann fluchte sie wie ein Bierkutscher. Im Jahr zuvor hatte sie in unserem Laden einen Dieb auf frischer Tat ertappt. Er hatte einen ledernen Gürtel mitgehen lassen wollen. »Den hat se so dermaßen zusammenjeschissen, dass der abwechselnd rot und weiß im Jesicht wurde, hat schließlich unter ihrem Donnerwetter so schnell die Farbe jewechselt, dass ick dachte, der wird gleich ohnmächtig«, hatte ich Heinrich damals erzählt.

Er lachte. »Kann ick mir kaum vorstellen bei deiner Stiefmutter. Die macht immer so nen … hm, adretten Eindruck.« Ich zog die Augenbrauen hoch.

»Ja ja, den Eindruck macht se. Aber du, die kennt Wörter, da würdest selbst du staunen!«

Er nickte nachdenklich und antwortete dann vieldeutig: »Hm, ja nun, stille Wasser sind tief.«

Mit meinem Vater konnte ich rangeln und raufen, lachen und derbe Scherze machen, mit meiner Stiefmutter konnte man – heimlich, ohne, dass die anderen Jungs wussten, was für ein »Muttersöhnchen« man war, reden und kuscheln. Viele Jahre hatte sie mir abends immer eine Geschichte vorgelesen. Am liebsten mochte ich Grimms Märchen. Es war unser Ritual: Ich lag gewaschen und umgezogen im Bett und wartete, dass sie in mein Zimmer kam, egal, wie viel sie noch zu tun hatte, wie lange es dauerte. Vorher war an Schlaf nicht zu denken. Wenn sie dann leise die Zimmertür öffnete, stieg ich müde, aber voller Vorfreude aus dem Bett und ging zu dem von meinem Vater geschreinerten Bücherregal hinüber. Ich kam – meistens mit dem gleichen Buch wie am Vorabend – zurück. Ich kuschelte mich wieder in die Kissen und sie setzte sich aufs Bett zu mir. Annemarie nahm das Buch zur Hand, schlug es auf und fragte die immergleiche Frage: »Was möchtest du heute hören?« Als ich langsam zu alt für solchen »Kinderkram« wurde, kam sie dennoch manchmal abends zu mir ins Zimmer und las mir einen »besonders interessanten« Artikel aus der Zeitung vor …

Annemarie gab mir die Nestwärme, nach der ich mich so sehr gesehnt hatte. Sie war lieb, aufopfernd und buk einmal im Jahr, allein für mich, einen großen von Kakaopulver dunkelbraunen Gugelhupf: meinen Geburtstagskuchen. Er schmeckte unvergleichlich. Jedes Mal hüpfte ich vor Freude, wenn sie ihn noch warm und duftend auf den Tisch stellte. Denn nun kam das Beste: Ich durfte den Kuchen mit Puderzucker bestäuben. Vorsichtig nahm ich das Sieb in die linke und einen Esslöffel voll weichen Puderzuckers in die rechte Hand. Ganz dicht hielt ich das Küchenwerkzeug über den luftig gebackenen Teig, schüttete den weißen süßen Schnee ins Sieb und rührte konzentriert mit dem Löffel darin. Unendlich fein legte sich der Zucker auf die Oberfläche, stäubte über den Rand hinaus und hinterließ feine weiße Züge auf der Innen- und Außenseite des Kuchens, der unten breiter wurde. Ich liebte diese Momente! Erst wenn kein Krümel mehr im Sieb und der gesamte Kuchen von dieser zarten Puderschicht überzogen war, schnitt ich den Kuchen an. Das erste Stück bekam immer mein Vater.

Mein Vater war ein kleiner drahtiger Mann. Kaum ein Meter sechzig groß, dünn und feingliedrig, eher ein »Männeken« – wie meine dicke Tante gern zu scherzen pflegte. Er war meistens streng, manchmal übellaunig, konnte aber auch herrlich Witze erzählen und Träume erraten. Zu meinem zehnten Geburtstag kaufte er das meist begehrte Geschenk aller Schulkinder: Ich bekam von meinem Vater den heiß ersehnten Anker-Steinbaukasten mit schönen schweren Steinen, aus denen man grandiose Dinge bauen konnte. Ich war sprachlos. Später saßen wir zwei dann zusammen im Zimmer auf dem zuvor von Annemarie blank gescheuerten Fußboden und errichteten die tollsten Dinge: Häuser, Fahrzeuge, Raketen – während Annemarie in der Küche »vom Zwiebeln schälen« rote Augen bekam.

Diesen Kasten schleppte ich noch viele Jahre mit mir herum, hütete ihn wie einen Schatz, und verbot mir selbst jeden Tag damit zu spielen, um ihn nicht abzunutzen. Selbst Heinrich durfte nur selten an dieses Heiligtum. In Wahrheit wollte ich, dass es etwas besonderes bliebe, die harten Steine in die Hände zu nehmen, um etwas Neues daraus zu schaffen. Leider setzte sich mein Vater nur noch selten zu mir auf den Boden – meist spielte ich allein, denn vor Annemaries Augen verbarg ich den Baukasten fast schamhaft. Die einzige offene

Zuneigungsbekundung meines Vaters kam mir wie ein schlimmer Verrat an ihrer aufopfernden Liebe vor.

Das Geräusch von Metall auf Holz war mir vertraut, denn mein Vater hackte für unseren Ofen trotz seiner eher schmächtigen Statur oft Holz. »Bin mir nich zu fein für solche Sachen«, erklärte er zufrieden, wenn er sich danach die schmerzenden Blasen an den Händen rieb. Manchmal hielt er auch einen Plausch mit dem Kohlenhändler gegenüber, der immer schwarz war – meist von oben bis unten, kein Flecken seiner Haut, der nicht mit schmierigem Kohlenstaub bedeckt war. Sogar, wenn er sich schnäuzte, war sein Taschentuch schwarz, was ich sehr faszinierend fand; schließlich hatte er sich die Kohlen ja nicht in die Nasenlöcher gesteckt, die übrigens, genauso wie seine Zunge und seine Augen kräftig rosa im Gesicht leuchteten. Seine Augäpfel schienen oft rot und entzündet zu sein; er verriet mir eines Tages, dass sie vom Kohlenstaub furchtbar juckten. Doch so sehr es ihn auch trieb sie zu reiben, er musste stark bleiben, denn wenn er sie mit seinen rußigen Fingern berührte, würden sie noch viel mehr jucken und tränen, und dann könnte er die Hand vor Augen nicht mehr sehen, geschweige denn seinen Pferdewagen lenken. Ich bewunderte ihn sehr. Dachte ich doch oft an das schrecklich quälende Jucken, dem ich nicht hatte widerstehen können, als ich die Windpocken gehabt und wie ein entzündeter Streuselkuchen ausgesehen hatte. Das ist wirklich schlimm gewesen. Von da an betrachtete ich den Kohlenmann mit einem gewissen Respekt und wusste gleichzeitig, dass das kein Beruf war, der für mich infrage kam. Und überhaupt, ich würde ja sowieso Profifußballer werden …

Kapitel 9

Ich hatte Heinrich heute Morgen auf dem Weg zur Schule getroffen. »Ey Keule«, rief er und schlug mir schmerzhaft auf die Schulter. »Ick hab nen Neuen, willste hören?« Oh nein, stöhnte ich innerlich. Heinrichs Witze waren meist genauso doof wie voller Leidenschaft vorgetragen. Aber gut, ich gab klein bei. »Klar, schieß los«, erwiderte ich leidlich begeistert. Doch das tat seinem Feuereifer keinen Abbruch.

»Ok, pass uff. Hör zu: Sagen Se mal nen Satz mit ›Konzert‹ und ›Feldmütze‹.« Er sah mich erwartungsvoll an, ließ mir aber keine Zeit zu überlegen. Er lachte schon jetzt. Bevor ich eine Chance hatte, nur den Mund aufzumachen, schrie er schon vergnügt: »Kon zerrt seine Olle durchn Saal und fallt mit se.« Er gluckste vor Vergnügen und hielt sich den Bauch. Er lachte so laut, dass sich einige Leute nach uns umdrehten. Aber das störte Heinrich nie im Geringsten. Ich lächelte höflich. »Is der nich spitze? «, freute er sich.

Ich nickte verhalten. »Die gucken schon alle«, warf ich zaghaft ein.

»Wat? Wer?« Er drehte den Kopf. »Na und, lasse gucken.« Nach einer kurzen Pause fügte er hinzu: »Ick jeb denen wat zu gucken.« Und noch bevor ich einschreiten konnte, drehte er sich zu einer Gruppe verhärmt aussehender Frauen und böse dreinblickender Männer in Arbeitskleidung um und zog sich schwungvoll die Hosen runter, um sie mit dem Anblick seines blanken Hinterteils zu erfreuen. Vor Schreck blieb mir und einigen Damen der Mund offen stehen. Doch fix hatte Heinrich schon wieder alles an Ort und Stelle eingepackt, mich am Kragen genommen und trabte davon. Noch im entlegenen Hauseingang, in den wir uns kurzerhand geflüchtet hatten, hörten wir die Reaktion auf seine freche Aktion: von herzhaftem Lachen bis zu wütenden Verwünschungen war alles dabei. So, jetzt war ich auch wach.

Doch so gut wie der Tag angefangen hatte, sollte er leider nicht weitergehen. Am Nachmittag brach eine Welt für mich zusammen; all meine Verlustängste kamen wieder hoch, bündelten sich und mündeten in ein Gefühlsinferno, das mich abwechselnd verzweifelt wimmern und zornig gegen die Wand schlagen ließ. Beim Abendessen beruhigte ich mich nur wenig. Kaum lag ich im Bett, schwoll das Chaos in meinem Kopf wieder neu an: Ein grau-brauner Tunnel öffnete sich in meinem Innern. Ich war wütend! Es war soweit. Mein Vater musste gehen. Er musste in den Krieg. Ein Alptraum. Ich konnte es einfach nicht glauben, obgleich überall uns herum die Männer aufgebrochen waren; es war bis jetzt ... unwirklich gewesen. Meine Stiefmutter gab sich zwar betont fröhlich, doch die dunkle Wolke des bevorstehenden Abschiedes hatte jeden gemeinsamen Augenblick in der letzten Zeit überschattet. Der nächste Tag verhieß nichts Gutes: An diesem windigen Morgen zog sich mein Vater seine Mütze tief ins Gesicht, er sah uns nicht an. Er musste aufbrechen, der kurze Aufschub war vorüber. Er schnallte sich seinen bis oben hin mit Annemaries Proviant vollgepackten Tornister auf den schmalen Rücken, machte eine flüchtige Abschiedsgeste in unsere Richtung und ging schnell die Straße hoch, auch hier ohne sich noch einmal umzuschauen. Lange sahen Annemarie und ich ihm aus der offenen Ladentür nach. Ich setzte mich auf die Stufen und ballte die Fäuste.

Als es Zeit für die Schule wurde, rief mich Annemarie herein, und ich musste meinen kalt gewordenen Po von den steinernen Stufen erheben. Meine Beine waren eingeschlafen, ich fühlte nichts mehr darin als ein unangenehmes Kribbeln. Genauso wie in meinem Herzen. Ich saß im Klassenraum, ließ die Stunden, Lehrer und Blödeleien der Mitschüler an mir vorbeiziehen und fragte mich, ob mein Vater noch in der Spandauer Kaserne oder schon am Bahnhof war. Ob er genauso an mich dachte, wie ich an ihn. Oder ob er bereits Befehle befolgen musste und keine Zeit zum Traurigsein hatte. Ob er sich langweilte oder seine Kameraden mit schmutzigen Witzen unterhielt, um den Unmut zu verscheuchen. Ob er seine langen Unterhosen eingepackt hatte und ob wirklich der älteste deutsche Soldat sein würde, wie er es prophezeit hatte: »Im Ersten Weltkrieg war ick der Jüngste, dieset Mal bin ick der Älteste.« Ich konnte mich auf kein Wort, das gesprochen wurde konzentrieren, weder verspürte ich Hunger oder Durst in den Pausen.

Am Nachmittag hatte ich das erste Mal seitdem ich denken konnte, keine Lust auf Fußball. Allein ging ich zum Kino, stand lange vor der Auslage, doch ich mochte mich für keinen der Filme entscheiden, obwohl mir meine Stiefmutter Geld für den Kinobesuch aus der Ladenkasse spendiert hatte. Selbst Margot Hielscher konnte mich heute nicht locken. Zu zertreut, traurig und wütend war ich über die jüngsten Ereignisse. Gedankenverloren zog ich durchs Viertel, lief durch den kleinen Zierpark, von dessen Zierde im Verlauf des Krieges nicht mehr viel übrig war, bog in ein paar Querstraßen ein, um sie gleich wieder zu verlassen – und kam schließlich doch wieder am Bolzplatz heraus. Ullrich war da mit Herrmann. Und Franz und Heinrich. Sie standen im Kreis und spielten sich locker ein paar Bälle zu. »Komm her, du Kanaille«, begrüßte mich Heinrich, »wo haste denn jesteckt?«

»Escht ma, mir dachten schon, du kommst heude nisch«, sächselte Franz.

»Doch, doch«, antwortete ich gedehnt.

»Du sagst doch immer, ein Tach ohne Training is ein verlorener Tach.«

»Ick bin ja da«, brummte ich. Ich hatte keine Lust ihnen zu erzählen, dass mein Vater eingezogen wurde. Ich brauchte ihnen nicht mein Leid zu klagen; jeder von ihnen hatte selbst sein Päckchen zu tragen: Ullrichs Vater war schon lange an der Front, Franz kannte seinen Vater nicht einmal und Herrmanns Vater war letztes Jahr gefallen. Ich stellte mich dazu: »Na, denn jib ma her die Pille ...« Ich konzentrierte mich ganz auf den Ball; nicht einmal das Spiel der Großen konnte mich heute fesseln.

Kapitel 10

Es herrschte nun schon einige Jahre Krieg, aber gewöhnt hatte ich mich noch immer nicht daran. Zwar nahm man die Kriegsmeldungen, die Aufrufe an die Hausfrauen zu sparsamen Haushalten, die Nachrichten über Verluste und Vorstöße, die Hakenkreuzfahnen und Propagandaansprachen kaum noch wahr, aber hin und wieder sehnte ich mich nach etwas Unbestimmten. Ich konnte es nicht in Worte fassen, am ehesten kam es dem Wunsch nach Unbeschwertheit nahe. Ich fühlte mich manchmal wie unter einer Glocke gefangen, sah, hörte und erlebte alles um mich herum, doch es war, als fühlte ich nichts in diesen Augenblicken, als seien Körper und Geist wie eine Maschine. Ich fürchtete diese Momente. Gleichzeitig waren sie neben dem Schlaf und dem Fußball die einzige Zeit, in der ich nicht um das Wohl meines Vaters fürchtete und die Angst um den eigenen Leib im Hinterkopf rumoren spürte.

Nicht einmal die Schule bot große Ablenkung. Die Lehrer triezten uns wie eh und je. Allerdings fiel uns doch auf, dass von den jungen Lehrern einige nicht mehr da waren. »Die Reihen lichteten sich. Ausjerechnet die Netten wurden einjezogen und müssen Frontdienst tun«, klagte Fritz. Fritzchen wollte Reporter werden und war immer voll informiert ... Die verbliebenen Lehrer und Lehrerinnen glaubten entweder noch voll an den Endsieg, das waren aber die wenigsten inzwischen, oder hielten sich vornehm mit ihren Ansichten zurück, was in diesen Zeiten sicher klug war.

Vor einiger Zeit noch, als unser Mathematiklehrer wie von Sinnen in die Klasse gestiefelt kam und mit stolz geschwellter Brust erklärte hatte, dass Paris von der Wehrmacht besetzt worden sei, hatte sich keiner getraut einen Pieps zu sagen. Zu aufgeheizt war die Stimmung nach zahlreichen triumphierend verkündeten Sondermeldungen über die militärischen Erfolge. Hitler hatte staatsmännisch in Zeitung und Kino-Wochenschau posiert. Inzwischen aber hatten es viele Leute satt; es wurde zunehmend geflüstert und getuschelt ... Wir Schüler waren nun etwas frecher in unseren Kommentaren. Denn auch wir hatten was läuten gehört; an die angekündigten Wunderwaffen glaubte von den Erwachsenen jedenfalls kaum noch einer. Wir Kinder verfolgten zwar grob das Kriegsgeschehen, uns blieb ja keine andere Wahl, in Gedanken aber war ich zumindest meist beim Fußball. Sobald Frieden war, wollte ich Fußballprofi werden, alles andere war mir ziemlich egal. Ich hoffte also aus zweierlei Gründen, dass der Krieg bald zu Ende sein würde. Zudem war alles stark rationiert, von nichts gab es noch genug – außer von Ruinen. Es machte zunehmend weniger Spaß durch die Straßen zu ziehen, überall nur Lücken und Löcher. Immer öfter sah man Flüchtlinge mit grauen Gesichtern auf dem Weg von irgendwo nach nirgendwo. Klar hätte ich auch gern mal so einen echten Panzer gefahren, das wäre schon was, da würde die Clique gucken! Aber bitteschön nicht an der Front. Ein Foul war ok, eine Tracht Prügel auch, aber eine Schießerei ...? Kanonen? Granaten? Nein! Ich mochte das Spiel, nicht den Tod. Ich hatte Angst, dass wir den Krieg verlieren und dann die Feinde bei uns einmarschieren und alles kurz und klein schießen würden. Aber was geschehen würde, wenn Hitler tatsächlich gewinnen würde, wollte ich mir auch nicht ausmalen. Ich erträumte mir Frieden und hatte doch kaum noch eine rechte Vorstellung davon; zu lang schon beherrschten Propaganda, Horrormeldungen, Angst vor dem Ausgebombt-, zum Kriegsdienst eingezogen-, Verschüttet- oder gar Getötetwerden unsere Tage. Sie waren ein unauslöschlicher Teil unseres Alltags geworden. Schwärze hatte sich in unsere Köpfe geschlichen, ohne dass wir etwas dagegen tun konnten – außer den Kopf einzuziehen und zu hoffen, dass eines Tages die Sonne wieder hervorkam.

Je schlechter die Stimmung wurde, desto stärker vermisste ich das Vereinstraining. Es war meine perfekte Erinnerung an Frieden, obgleich schon längst Krieg gewesen war, als ich das letzte Mal dort trainiert hatte: strukturierte Ballübungen, einheitliche Trikots, ein echtes Mannschaftsgefühl. Auf dem Fußballplatz mit den Mannschaftskollegen beim Dribbeln und Flanken, bei Einwurf und Heber, Pieke- und Spannschuss konnte ich abschalten, meine Angst vergessen oder wenigstens zurückdrängen. Doch viele Vereine hatten das Training eingestellt. Zu viele Spieler, Trainer und Schiedsrichter waren eingezogen worden. Immer wieder fielen die Spiele aus; letztendlich wurde die Vereinsarbeit bis auf weiteres stillgelegt. Ein Vorstandsmitglied, ein Witwer von über siebzig Jahren, kam regelmäßig zu uns in den Laden, um Socken zu kaufen, seine Hemden ausbessern und seine Hosen ändern zu lassen. Fast immer mussten die Sachen enger gemacht werden, die Leute nahmen aufgrund der eingeschränkten Ernährungslage deutlich ab. Auch er hatte ein paar

Pfunde verloren. Jedes Mal erkundigte er sich nach meinem Vater. Ansonsten plauderte er mit Annemarie über dies und das. Am häufigsten ereiferten sich die beiden über die prekäre Ernährungslage. »Ich als Genussmensch«, pflegte er zu sagen, »möchte nur zu gern mal wieder ein richtig feudales Mittagsmahl vor mir stehen haben, nicht nur das ewige Kommissbrot, sondern so ein richtig schönes Eisbein mit Prinzessböhnchen im Speckmantel und sahnigem Kartoffelpüree, dazu eine Bratensoße, auf der die Fettaugen schwimmen.« Augenblicklich lief mir bei dieser anschaulichen Schilderung das Wasser im Mund zusammen, obwohl ich mich nur noch sehr vage an den Geschmack von Eisbein erinnern konnte. Aus irgendeinem mir sich nicht erschließenden Grund hatte ich immer nur den Geschmack von falschem Hasen auf der Zunge …

Annemarie witzelte: »Wieso, so gut wie jetzt haben wir doch noch nie gegessen!«

»Was?«

»Na, es heißt doch: Hunger ist der beste Koch …«

Der alte Mann lachte amüsiert sein kehliges Lachen, doch ich meinte, echte Wehmut darin zu hören. Zudem vergaß er auch nie zu erwähnen, für wie wichtig er die jungen Leute, vornehmlich die jungen Fußballtalente erachtete, wie er uns Nachwuchsspieler nannte. Zwar hatte er mich nie spielen sehen, kannte aber meinen alten Trainer, der von mir auf einer bierseligen Vereinssitzung als »unhaltbarer Beidfüßer« geschwärmt hatte. Tatsächlich konnte ich mit beiden Füßen fast gleich gut und vor allem hart schießen, mit dem linken sogar noch etwas genauer. Dadurch war ich noch flexibler einsetzbar. Inzwischen hatte mein Trainer in den

Krieg gemusst und galt als vermisst, was mich zusätzlich traurig und wütend stimmen sollte, inzwischen aber kaum noch berührte. Das fand ich am schlimmsten daran. Der alte Herr war davon überzeugt, dass ich ein brauchbarer Spieler sein musste, sonst wäre ich bei meinem Trainer nicht in der Stammelf gewesen, wie er meinte. »Im Sport und in der Jugend, und damit in euch Nachwuchskickern, liegt die Zukunft«, prophezeite er. »Die Leute sind verrückt nach sportlicher Unterhaltung, wenn Frieden ist ...« Er räusperte sich umständlich. »Also, eines Tages werden damit Millionen verdient.« Ich schaute mit großen Augen zu ihm auf. Trotz meiner vierzehn Jahre reichte ich dem großen kräftigen Mann noch nicht einmal bis an die Schulter. »Und Deutschland«, er hielt kurz inne, »also so oder so ... Deutschland muss mit seinen Sportlern glänzen, und wir haben gute Sportler, müssen sie nur richtig fördern. Gerade der Fußball ist auf einem guten Weg. Wäre nicht dieser Krieg dazwischen gekommen ...« Weiter kam er nicht, denn zwei »Braune«hatten den Laden betreten. Nachdem sie gegangen waren, drehte er sich wieder Annemarie und mir zu. »Sobald hier wieder Ruhe eingekehrt ist, wird frisches Blut gebraucht. Und: Der Sport ist ... unschuldig. Er wird Deutschland helfen, wieder als eine leistungsstarke, disziplinierte und vor allem intelligente Nation wahrgenommen zu werden«, prophezeite er. Annemarie und ich hatten ihm schweigend gelauscht. Seine Wangen hatten sich gerötet und er wirkte verschlagen, als er fortfuhr: »Der Sport ist unpolitisch, er kann die Dinge wieder ins Lot bringen. Das haben schon jetzt einige kluge Köpfe erkannt.«

»Wirklich?«, fragte ich fasziniert wie ein Dreikäsehoch vor dem Weihnachtsmann.

Er senkte die Stimme und sah mich eindringlich an. »Pass auf, demnächst findet allen Umständen zum Trotz ein Auswahltraining statt. Die Berlinauswahl braucht neue Spieler«, er hustete trocken, »jetzt mehr denn je.« Ich hörte gebannt zu. »Ich habe von deiner Stiefmutter gehört, wie diszipliniert du jeden Tag trainierst. Selbst jetzt noch. Ich möchte dich einladen dabei zu sein.« Ich schaute ihn ungläubig an. »Ja, die Konkurrenz ist hart, aber einen Versuch ist es wert, oder nicht? Hast du Lust?« Mein Kopf war leer, meine Zunge wie mit einem Pelz belegt. Ich schaffte es geradeso zu nicken. »Sehr schön«, er klopfte mir auf die Schulter. »Deine Adresse habe ich ja. Dann bekommst du einen Brief, wenn es soweit ist. Das kann allerdings noch ein bisschen dauern ...«

Ich nickte eifrig: »Ick schau jeden Tag in den Briefkasten.«

Er lachte unwillkürlich. »Gut, das kann nicht schaden. Mach dir nicht allzu viele Hoffnungen, aber wenn du das Zeug dazu hast ...« Er sprach den Satz nicht zu Ende. Er fuhr mir grob durchs Haar. »Auf jeden Fall dranbleiben, Junge! Im Leben muss man immer dranbleiben, wenn man etwas erreichen will.« Mit diesen Worten verabschiedete er sich von mir und Annemarie und ging schweren Schrittes zur Tür hinaus. Ich sah ihm nach, sprang auf und umarmte meine Stiefmutter. Ich war selig, lief aufgeregt wie ein Huhn durch die Wohnung und malte mir schon aus, wie ich für die Hertha Tore schießen würde. In meiner Vorstellung war ich bereits ein Held. Und die »Großen« vom

Bolzplatz konnten mich mal gerne haben; die würden schauen. Und dieser freche Kalle erst!

Einmal hatte ich richtig teure Fußballschuhe anprobieren dürfen. Ein Cousin von Fritz war zu Besuch gewesen und hatte sich von uns beschwatzen lassen. Er hatte wunderbare Stollentreter mitgebracht, was auch für einen guten Spieler nicht unbedingt als normal galt. Nur zögerlich hatte er sie aufgeschnürt und mir gereicht. Fritz stänkerte gleich: »Also deine Füße kannste ja bei Bolle in die Käsetheke stellen, pfui Teufel!«, rief er laut und griff sich demonstrativ an die Nase. Sie hatten tatsächlich ein bisschen gemüffelt, aber das hatte meiner Freude keinen Abbruch getan. Ich hatte mit Kennermiene, aber zitternder Unterlippe die harte Kappe und die Stollen geprüft. Schon beim Anziehen merkte man die Qualität, man fühlte sich gleich so leichtfüßig, nicht wie sonst mit den klobigen Schuhen an den Füßen. Als ich aufstand, lief ich wie auf Wolken. Menschenskinder! Das war ein Gefühl; mit den Dingern wäre ich unaufhaltsam, sie würden mein spielerisches Können krönen. Beim Probeschießen flog ich geradezu über den Platz und war recht missgelaunt, als der doofe Freizeitkicker seine Schuhe wieder haben wollte. Lange war ich ihm in den Hermestretern davongelaufen, doch schließlich musste ich mich der Realität stellen und sie ihm zurückgeben. Meinen Neid nur mühsam beherrschend, schmiss ich sie ihm unsanft vor die Füße. »Mit bestem Dank zurück«, rang ich mir ab, raunte aber im Umdrehen noch leise: »Perlen vor die Säue ...!«

Kapitel 11

Seit 1942 hatten sich die nächtlichen Bombenangriffe der Alliierten gegen die Zivilbevölkerung in den Großstädten gehäuft. Zu den Vorkehrungsmaßnahmen bei uns gehörte schon lange ein Bereitschaftsdienst. Dieser sicherte auch beim Ausfall des Telefonnetzes, dass dringende Nachrichten für den Rettungsdienst übermittelt werden konnten. Generell hatten nur die besser gestellten Leute ein Telefon. Aber auch denen wurden diese nach und nach abgestellt, es sei denn, sie waren in irgendeiner Weise »kriegswichtig«. Wir hatten unser Telefon noch, da wir Uniformteile und Kurzwaren lieferten. Bevor sie meine Vater geheiratet hatte, hatte Annemarie für eine Nähfirma in Heimarbeit genäht, »weißnähen« hatte man das genannt. »Nun muss ich schwarz nähen, äh sehen«, seufzte sie oft, wenn sie über Uniformteilen saß. Immer häufiger wurde die Arbeit, die sie oft bis spät in die Nacht beschäftigte, unterbrochen:

Eine neue schreckliche Phase des Bombenkrieges versetzte uns, die Zivilbevölkerung, nun in Angst und Schrecken. Anfangs fanden wir Jungs die Fliegeralarme ja noch aufregend. Schließlich wollten wir auch endlich Granaten, Bombensplitter und Flugzeugteile sammeln wie die anderen Jungs. Nichtsdestotrotz ahnten wir den Ernst der Lage, als die Luftschutzkeller in den Mietshäusern mit Betonpfeilern verstärkt, beziehungsweise als Schutzräume genutzte Hauskeller mit Bohlen abgestützt wurden. Notausgänge in Form von

Durchbrüchen zu anderen Häusern, die mit schmalen Steinen wieder provisorisch verschlossen wurden, und ein Feuerlöschbecken im Innenhof sollten uns vor dem Schlimmsten bewahren. Und das war der Tod, der allgegenwärtig wurde. Noch versteckte er sich vornehmlich in dunklen Ecken, engen Gefängnissen und feuchten Wohnungen, kroch aber immer öfter aus den Ritzen der Luftschutzkeller und Beileidsbriefen an die Daheimgebliebenen. Schon ein Jahr eher war in allen Städten die Luftschutzorganisation intensiviert worden. Viele Freiwillige hatten sich gemeldet, um in Einführungslehrgängen die Grundlagen zur Brandbekämpfung zu lernen, auch mein Vetter Joachim war dabeigewesen. Wir hatten lange nichts von ihm gehört. Stolz besuchte er uns jetzt einmal wieder in seiner HJ-Kluft. Er erzählte die ganze Zeit von Frontbegradigungen und den Vorstößen seiner tapferen Kameraden an der Front. »Dein Vater hat et jut, er kann jeden Tag direkt vor Ort kämpfen. Ick bewundere und beneide ihn.« Er stellte sich das Kriegsgeschehen auf dem Schlachtfeld so vor, wie Hitler und seine Schergen es nicht müde wurden zu propagieren: als ein heldenhaftes Tun, das alle »Unannehmlichkeiten« vergessen ließ, wenn man nur fest genug glaubte, und als das Erringen eines »verdienten« Sieges oder eben ehrenhaften Todes. Mir wurde schlecht, als er mir den Arm auf die Schulter legte und davon schwärmte, dass hoffentlich auch wir endlich Dienst an der Waffe tun können. »Ick hab keene Lust mehr auf den Arbeitsdienst, zu dem die mich verdonnert haben. Ick will endlich ooch wat tun: schießen, Seite an Seite mit meine Kameraden die dreckijen Feinde bezwingen.«

»Und dich dabei totschießen lassen wie ein Hase auf dem Feld«, ergänzte Annemarie lakonisch. Erschrocken sah ich sie an. Wie konnte sie bei einem so strammen Nazi wie ihm nur so unvorsichtig sein. Der würde doch seine eigene Mutter anzeigen ... was in dem ideologischen Wahn, gerade der jungen Generation nicht selten geschah. Bei meinem Vetter jedenfalls hatte das Regime ganze Arbeit geleistet.

Er sah Annemarie einen Augenblick lang fest an, dann antwortete er gönnerhaft: »Wenn nötig, werde ick selbstverständlich ooch für unseren Führer sterben, und zwar mit Freuden für die Sache.« Ich hustete. Er sah mich mitleidig an. »Kleener Cousin, du wirst dich wohl noch jedulden müssen. Ick hab dit Glück, ein paar Jahre älter zu sein und damit schon eher fähig und würdig, die Waffe fürs Vaterland zu tragen.« Ich wollte um nichts auf der Welt mit ihm tauschen. Ich atmete auf, als er – nicht ohne mit Nachdruck den Deutschen Gruß zu entrichten – gegangen war. Ich wartete bis die Tür ins Schloss gefallen war, dann seufzte ich erleichtert.

Jedermann war auf den Beinen, emsig wurde verbarrikadiert, gehortet, sortiert und gezimmert. Die Furcht ließ die Menschen wie die Ameisen arbeiten; alle wollten sich bestmöglich auf das vorbereiten, was da auf uns zukam. Die Kellergänge wurden mit fluoreszierenden Zeichen versehen, um den Weg zum nächsten Schutzraum zu weisen. Der Blockwart hängte wöchentlich neue Verhaltens- und Hausregeln auf. Außerdem wurden vor den – um die eventuell nötigen Rettungsmaßnahmen zu erleichtern – mit einem weißen »L« bemalten Fensterluken der Keller niedrige Splitterschutzmauern errichtet. Das war notwendig, denn nun mehrten sich die verheerenden Nachtangriffe auf die Großstädte massiv. In vielen Berliner Bezirken forderten Feuerstürme schon Todesopfer. Unter anderem hatte ein Haus, in dem mehrere Zentner Koks gelagert wurden, durch seinen gewaltigen Brand auch gleich sämtliche umliegenden Gebäude mit in Brand gesteckt, als es getroffen worden war.

Der dichte Bombenteppich hatte die Menschen in den Luftschutzkellern verharren lassen, weil die Angriffswellen nicht hatten abebben wollen. Obwohl es brannte, blieben die Hausbewohner aus Angst so lange in den Schutzräumen, bis die Flammen die Kellertreppe hinunterleckten. Durch die unerträgliche Hitze gerieten ein paar in Panik und sie brachen die dünne Wand des Mauerdurchbruches durch. Alle wollten nun schnellstmöglich in den Nachbarkeller. Fatalerweise aber hatte das Loch einen starken Luftsog entstehen lassen und das Feuer kroch in den Keller. Viele konnten noch durch die Maueröffnung entkommen. Andere schafften es aber nicht mehr. Es roch nach versengten Haaren. Die, die es geschafft hatten, flohen durch das Labyrinth der aneinandergrenzenden Kellerräume. Erst Straßen später kamen sie wieder an die Oberfläche. Das Flammenmeer war gigantisch; fassungslos starrten die Geretteten auf das Inferno und konnten es kaum glauben. Sie hatten alles zurücklassen müssen, besaßen nichts als das Hemd am Leib, waren schwarz und verrußt; aber sie lebten!

Auch bei uns im Viertel beherrschte das Sirenengeheul die Nächte, und nun zunehmend auch die Tage.

Die Dachböden mussten stets Eimer mit Wasser und Sand bereit halten, um Brandbomben unschädlich zu machen. Die Fliegeralarme wurden zahlreicher, hielten zum Teil länger an und wurden manchmal auch kurz hintereinander ausgelöst. Deshalb schliefen viele Leute gleich im Keller und mussten so nicht immer raus aus den Betten. »Et reicht schon, wenn mich dit unheilverkündende Auf- und Abschwellen der lauten Sirenen jedet Mal ausm Schlaf reißt«, schimpfte die schrumpelige Frau Krause, »da will ick nich noch jedet Uffstehen über meinen Koffer stolpern und alle vier Treppen runterhetzen – immer in der Angst, gleich ne Bombe uffn Deetz zu kriejen.« Sie hatte sich ihr Nachtlager mit allem was dazu gehörte, sogar dem obligatorischen Nachttopf, eingerichtet. Vor dem eigentlichen Alarm hatten einige Nachbarn meist schon die Routinemeldungen mit den Koordinatenangaben der Flugroute abgehört. Herr Jahnus mit der »Fleischmütze«, wie mein Vater seine Glatze immer tituliert hatte, folgerte dann daraus die Zielorte. Allerdings stimmte das nicht immer, da die anfliegenden Luftverbände manches Mal zur Täuschung der Jägerabwehr plötzlich die Richtung änderten.

Meiner Stiefmutter behagte es nicht im Keller zu schlafen, außerdem ekelte sie sich furchtbar vor den Ratten, die das Gewölbe bevölkerten und uns in so manchen schweren Stunden Gesellschaft leisteten. Diese Zeit in den engen, muffigen Kellern machten uns auch psychisch schwer zu schaffen. Oft verging bis zur Entwarnung eine Stunde oder mehr. Annemarie hatte immer einen hohen Blutdruck, wenn es wieder losging. Noch machte sie sich vor allem Sorgen um das

Geschäft. »Mein Gott, wenn der Laden getroffen wird. Dann ist alles weg, was wir besitzen. Dann bleibt uns nichts mehr. Wenn dein Vater dann wiederkommt ... arm wie die Kirchenmäuse sind wir dann!« Sie seufzte ein bisschen theatralisch, war aber wirklich kurz davor zu weinen. Mit beruhigenden Worten versuchte ich sie abzulenken oder wenigstens nicht noch zusätzlich aufzuregen.

»Ach wat, wir sind noch nich dranne! Erst wird die Konkurrenz ausjebombt, allen voran dit KaDeWe«, witzelte ich. »Denn kommen alle zu uns, und wir haben noch mehr Kunden ...«

»Pfui«, schalt sie mich, »sowas sollte man nicht mal denken!« Und doch sah ich ein schwaches Lächeln über ihr Gesicht huschen.

Vor dem eigentlichen Angriff spickte dann ein Aufklärer den Himmel mit »Christbäumen«, das heißt an Fallschirmen hängende Leuchtfeuer, die den Zielbereich eingrenzten. Sie markierten den Bereich, in dem die Bomben abgeworfen werden sollten. Die von den Alliierten-Flugzeugen abgeworfenen Stanniolwolken störten die deutsche Flakabwehr erheblich. Große Teile der Stadt lagen inzwischen in Trümmern.

Mein Vater hatte immer davon geredet, einmal den großen Wurf zu machen, um »sich nich jeden Tach den Rücken krumm ackern zu müssen fürn bisschen Brot«. Sein Traum war, das Hotel »Berliner Hof« am anderen Ende der Straße zu kaufen. »Eines Tages is dit meins. Und denn machen wir wat richtig Schickes, so wat verboten Nobles draus«, hatte er geschwärmt. Wie oft hatte er mit abwesendem Blick hinübergeschaut und sich ausgemalt, wie es sein würde, als Hotelbesitzer, als richtig feiner Herr, diesem lukrativen Betrieb vorzustehen. Mit Vergnügen würde er sich »Herr Direktor« nennen lassen. Es war nur das andere Straßenende, aber es war ein völlig anderes Leben, das er dort sah. Er versuchte ein wenig zu sparen, doch zahlungsunfähige oder -unwillige Kunden, vor allem aber das Schicksal vereitelten jeden realistischen Versuch solch ein Kapital zu erwirtschaften. Dennoch hielt er an seinem Traum von einem lukrativen Direktorenjob, einem Leben im Luxus fest und ließ die schönsten Bälle und Soiréen in seiner und meiner Fantasie entstehen.

»Das wär zu schön, um wahr zu sein«, seufzte Annemarie dann stets. Doch schon bald lag auch das Hotel in Schutt und Asche. Brandgeruch stieg uns in die Nase, als wir die Straße hinunterliefen. Neben und gegenüber von unserem Haus war viel zerstört. Löcher wie Krater störten die Harmonie der Reihen, nichts war mehr wie es einmal war. Vor allem Luftmienen hatten die Gebäude zermalmt; ich wischte mir den feinen Steinstaub aus den Augen und sah hinunter zum »Berliner Hof« – beziehungsweise auf das, was davon übrig geblieben war. Viel war es nicht. Von den beeindruckend schönen Kronleuchtern waren nichts als spitze Kristallsplitter geblieben. Monate später spielten Kinder in den schon zum Teil von Unkraut überwucherten Trümmern.

In dieser Nacht war es wieder einmal so weit: Ich rannte mit den anderen Kindern die Treppe hinunter, halb blind von Schlaf und Dunkelheit. Nur das laute Dröhnen der Sirenen ließ mich weitergehen. Da wir keinen Bunker hatten, versammelte sich, wie in den meisten Häusern, alles im viel zu kleinen Keller. Die

Kälte kroch an meinen Beinen hoch, während ich auf der harten Holzbank saß und auf das Ende des Alarmes wartete. Das Brummen kam näher, die Luft schien unter Strom zu stehen. Als es draußen krachte, wackelte es auch unten im Keller mächtig. Viele Frauen schrien, und die Kinder weinten. Ich hörte Annemarie Stimme an meinem Ohr: »Lieber Gott, mach mich fromm, dass ich in den Himmel komm!« Als alles vorbei war – für dieses Mal – krochen wir aus den Untergeschossen und lauschten dem Geschützdonner nach. Von der Existenz des Hauses Nummer 148 zeugten nur noch einzelne bizarr in den Himmel ragende Stahlträger. Wir hatten Glück, unser Haus war stehengeblieben. Ich war froh, aber auch verwirrt; »wie ein geschmackloses Lottospiel« schoss es mir durch den Kopf.

Kapitel 12

»Egon, du hast dich verändert.« Ausgerechnet mein Lieblingslehrer, Herr Meier stand vor mir und sah mich betrübt an.

»Die Welt hat sich verändert«, sagte ich trotzig.

Herr Meier studierte seine Schuhspitzen. »Da hast du Recht. Der Krieg verändert alles. Dennoch, du bist ein kluger Junge. Mach nicht alles kaputt.« Die wenigen ihm verbliebenen grauen Haare wippten, während er kaum merklich den Kopf schüttelte. Ich schwieg verbissen. »Die letzten Monate waren nicht leicht. Aber du musst aufhören.«

Ich schaute ihn angriffslustig an. »Aufhören mit wat?«

»Du weißt sehr gut, was ich meine. Dinge zu zerstören. Mutwillig. Als wäre nicht alles schon genug kaputt gegangen.«

Ach das, beinahe erleichtert überlegte ich, ob er nur die paar auseinandergenommen Bänke meinte oder ob er von mehr wusste, von den eingeworfenen Fensterscheiben oder den eingetretenen Türen und zerfetzten Landkarten im Kartenraum. Wir hatten ganz schön gewütet, Heinrich und ich. Irgendwie verschaffte es mir kurzfristig Erleichterung, etwas aus der Schule kaputt zu machen. Und überhaupt, überall um uns herum fielen Nachbarn, brannte plötzlich der Straßenasphalt, alles schien wie ein Kartenhaus in sich zusammenzustürzen – da kam es doch auf ein paar alte verbogene Schulstühle nicht an. Oder?

»Du hast die Wahl. Du kannst entscheiden, ob du die nächsten Jahre mit Zerstörung oder mit Aufbau verbringen willst.« Ich widerstand erfolgreich dem Drang mir die Ohren zuzuhalten. Als ich ansetzen wollte, unterbrach er mich, noch bevor ich ein Wort gesagt hatte. »Leugne nicht, ich weiß es besser. Lügen macht es nur schlimmer. Ich rede mit dir, nicht mit dem Direktor. Weil du es wert bist. Ich kenne dich.«

Mit einem Mal schämte ich mich unsagbar. Ich zog die Schultern hoch, versuchte mich vor dem Pult zu verkriechen. Ich wusste nicht, warum ich so wütend war. Warum ich Dinge zerstörte, die mir nicht gehörten. Ich wand mich unter den eigenen Gedanken. Eigentlich wusste ich es: Ich war wütend, weil sie mir meinen Vater genommen hatten – und ich ihn vielleicht nie wieder sehen würde. Je mehr ich versuchte diese Tatsache zu verdrängen, desto aggressiver schlug sie in einer an sich harmlosen Situation plötzlich zu.

So war es auch bei Kalle, eigentlich hatte er mir nichts getan, und doch wurde ich unendlich sauer, wenn ich nur an seine Visage dachte. Dieser freche Lümmel vom Fußballplatz, der sich einfach so wie ein Platzhirsch benahm. Keine Ahnung, warum er so ein rotes Tuch für mich war. Es war mir aber auch irgendwie egal. Ich wollte nicht darüber nachdenken, dass mein Ärger vielleicht den Falschen traf. Wenn ich schon keine Sachen mehr kaputt machen konnte, musste ich wenigstens jemanden anschreien können. Ein Feindbild brauchte ich, und Kalle war fremd hier, führte sich aber auf, als gehöre ihm die Welt. Überhaupt, »so ein Schnösel«, hatte selbst Franz gesagt, »der träschd immer so nen komischen Mantel und rennt jeden Sonntach mit seiner Mudder in de Kirche. Dabei legt die alle ihre Glunker an, damit ooch jeder sieht, wie dicke die es ham ...«

»Nee«, hatte auch Herrmann konstatiert, »dit is keener von uns. Schon dieser Name: Karl-Heinz ...«

Ich sah Kalle nun öfter. Hin und wieder hatten wir uns auf dem Platz angegiftet. Von weitem, ein paar Mal auch aus der Nähe hatte er meine Drohgebärden ignoriert, hatte sich mit geschwollener Brust auf dem Spielfeld positioniert und mit seinen Hackentricks angegeben. Ich machte ihn mit meinen Freunden klein, wo es nur ging, doch auch er hatte inzwischen einige Mitstreiter um sich versammelt. Obgleich er mir scheinbar ständig vor die Füße lief, verdrängte ich den Gedanken an ihn, außer ich war aus irgendeinem Grund sauer. Dann stellte ich mir manchmal vor, wie er im Tor stand und ich ihm eine meiner berühmten Bomben so fest in den Bauch knallte, dass er mitsamt dem Ball ins Tor krachte. Ein bisschen peinlich waren mir meine kleinlichen Gedanken schon, aber danach konnte ich endlich schlafen. Und dann stand er plötzlich in unserem Laden: Karl-Heinz. Auch das noch! Ich war sauer. »Ick brauche Schnürsenkel bitte«, hörte ich die verhasste Stimme im Verkaufsraum.

»Aber gern, mein Kleiner«, säuselte Annemarie. Ja, klein isser, dachte ich hämisch nach dem ersten Schreck. »Welche Farbe soll es denn sein?«

Er überlegte kurz. »Schwarz.«

»Gut, da haben wir mehrere da, welche Länge brauchst du?« Schweigen. Er schien ratlos. Zufrieden vernahm ich seine unsichere Stimme, die etwas von »Sportschuhen« stammelte. Ich schlich mich hinter dem Tresen hervor, um einen Blick auf den Feind zu werfen. Dass der sich erdreistete mein Terrain zu betreten. Hatte wohl immer noch nicht genug abbekommen, na dem würde ich schon noch eine Lektion erteilen, die Leviten lesen, aber nicht heute ... Wahrscheinlich wusste er nicht, dass das hier der Laden meiner Eltern war. Sonst hätte er sich gewiss nicht hergetraut. Dieser Gedanke befriedigte und amüsierte mich gleichzeitig. »Na, dann lass mal sehen«, forderte Annemarie ihn auf. Oh, das sind aber schöne Schuhe! Die würden meinem Egon sicher auch gefallen.«

»Spielt der denn ooch Fußball?«

»Oh ja, und zwar in jeder freien Minute. Ohne Fußball könnte mein Junge nicht leben«, lachte sie. Ob er wusste, wer ich bin und sich an meinen Namen erinnerte? Und was hatte das mit seinen Schuhe auf sich? Langsam schob ich mich aus der Deckung, zog meine Schiebermütze tief in die Stirn. Ich hatte jetzt wirklich keine Lust auf eine Konfrontation, war aber furchtbar neugierig. Meine Augen wurden groß. Mit Neid registrierte ich seine Schuhe. Die anderen hatten nicht übertrieben. Stollen, echte Fußballschuhe, so etwas Exklusives würde ich im Leben nicht geschenkt bekommen. Viel zu teuer. Ich trug »Räuberzivil«, das hieß Trainingshose und Windjacke, denn ich war schon fast auf dem Weg zum Bolzplatz gewesen. Meine Füße zierten abgewetzte Lederhalbschuhe; sie hatten eine halbwegs biegsame Sohle, was ich beim Spiel sehr zu schätzen wusste, aber neben Kalles »Schätzchen« sahen sie mehr als alt aus. Selbst meine ollen Töppen, die Schuhe, die ich zum Fußballtraining im Verein getragen hatte, mein ganzer Stolz, waren Welten von den teuren Tretern entfernt, die er an den Füßen hatte. »Und schlanke Füße hast du, Donnerwetter ... für einen Jungen in deinem Alter ...«

»Äh ... vielen Dank, Frollein, sehr nett von Ihnen.« Ich sah, wie er vor Verlegenheit rot wurde.

Meine Stiefmutter lachte. »Ach du, Frollein, also ob ich noch ein Fräulein wäre. Bin doch schon viel zu alt, aber danke sehr. Ich fühle mich geschmeichelt von dem jungen Herren«, neckte sie ihn. Ich ärgerte mich, dass sich die beiden so gut verstanden. »Wo spielst du denn? Im Verein? Egon war auch im Verein; er ist seitdem er laufen kann leidenschaftlicher Fußballer.«

»Nee, ick war in Potsdam im Verein, aber nu ... sind ja grade erst herjezogen ...«, antwortete er wage. Ich glaubte dem Hochstapler kein Wort. Schicke neue Schuhe machten noch keinen Fußballer aus ihm.

»Ach so. Na dann ... Fünfzig Zentimeter müssten reichen«, schloss sie. »Ich gehe schnell die Schnürsenkel holen«. Sie stand auf, ging ein paar Schritte in den hinteren Teil des Ladens, streckte sich und langte ins Regal. Als sie sich umdrehte, sah sie mich in der Ecke stehen. »Ach, da ist er ja, der Egon. Sag doch mal guten Tag! Unser junger Kunde hier ist nämlich auch ein Kicker. Vielleicht spielt ihr ja mal zusammen ...«

Ich fluchte innerlich. Kalle drehte den Kopf, verharrte kurz als er mich erkannte, sah mich prüfend an, dann antwortete er langsam: »Ja, dit wäre toll. Vielleicht klappt et mal demnächst. Ick mach den Stürmer und du den Libero, wa?!«

Ich schnaubte verächtlich und ehe ich mich versah, hatte ich meinen Vorsatz, einfach stumm den Laden zu verlassen, gebrochen und antwortete hitzig: »Nee, nee, ick spiel im Sturm!«

»Aber ick bin viel schneller.«

»Woher willste dit denn wissen? Hast mir ja noch nie richtig rennen jesehen.« Und schon befand ich mich in einer Diskussion, die ich nie wollte.

»Oh doch, schon oft uffm Bauplatz Ecke Langhansstraße«, sagte er, verstummte aber abrupt, als hätte er sich verraten. Ich staunte.

Annemarie reichte ihm das Päckchen Schnürsenkel. »Macht neununddreißig Pfennige«, sagte sie geschäftstüchtig, dann in privaterem Ton: »Wohnst du denn schon lange hier? Ich habe dich noch nie in unserer Straße gesehen.«

»N bisschen«, antwortete er ausweichend. Das Kleingeld klimperte, als er es ihr auf die Hand abzählte.

»Danke. Na, dann komm bald mal wieder, vielleicht braucht deine Mutter auch noch was ... Wir haben fast alles an Kurzwaren: Knöpfe, Garn, Gürtel, Manschetten, sogar noch Spitze ...«

Ich trat einen Schritt vor, gewann wieder Terrain. »Manschetten hat der selber«, grinste ich.

Die Ohren meines Gegenübers begannen zu glühen. Plötzlich hatte Kalle es eilig aus dem Laden zu kommen. »Also danke Frollein, tschüss denn ...«

Verwundert sah Annemarie mich an. »Kennst du den?« Ich wusste nicht, was ich antworten sollte, zuckte bloß missmutig mit den Schultern und befühlte am Schienbein unwillkürlich mein längst verheiltes Andenken an die Keilerei mit Kalle ...

Am Nachmittag ging ich wie üblich zum Kicken und auch wie gewöhnlich ließen uns die Großen nicht mitspielen. Ihre spärlich sprießenden Oberlippenbärtchen machten ihre Entscheidung unangreifbar, auch wenn ich sicher war, dass ich besser spielte als die meisten von ihnen. Frustriert malte ich mit meinen unterforderten Schuhspitzen Fußballergebnisse in den Sand, unter anderem 3:2, das Ergebnis von Hertha BSC von 1931 im Endspiel um die deutsche Fußballmeisterschaft gegen den TSV 1860 München. Im Jahr davor hatten sie auch knapp gewonnen, und zwar 5:4 gegen Holstein Kiel. Was für ein Spiel musste das gewesen sein, mein Vater schwärmte heute noch davon, das heißt, er würde es tun, wäre er jetzt hier bei uns und nicht irgendwo todgeweiht in einem Schützengraben ... Zu gern wäre ich dabei gewesen, genauso wie beim ersten Heim-Länderspiel der Nationalelf am 24. Oktober 1920 gegen Ungarn, ein 1:0. Fünfunddreißigtausend Besucher waren in das Berliner Grunewald-Stadion gepilgert, hatte mein Vater erzählt. Fünfstellige Zuschauerzahlen waren fortan die Regel gewesen. Überhaupt, ich hoffte darauf, bald wieder mit meinem Vater »unsere Hertha«, wie die Berliner ihre Jungs liebevoll nannten, richtig schön spielen zu sehen. Annemarie hatte mir extra einen Schal in den Vereinsfarben blau-weiß gestrickt. Wenn die spielten, ging es schon vorher heiß her – in der S-Bahn auf dem Weg ins Stadion. Ich liebte diese Atmosphäre; verlor mich in den Gedanken daran, selbst einmal in meinem bewunderten Verein zu spielen, ein großes Spiel und ich würde in letzter Minute das entscheidende Tor schießen. Mensch, würden die mich feiern; das Publikum würde grölen und eine Welle nur für mich machen, die Jungs würden mich vor Begeisterung auf den Schultern über den Rasen tragen, und wir würden feiern, feiern, feiern! So wie 1931 malte ich mir das aus. Alles auf eine Karte setzen, volle Kraft voraus, und so ein knapper Sieg ist sowieso am spannendsten – zumindest für die Zuschauer. Wenn man in der Halbzeit noch nicht wusste, was die nächsten fünfundvierzig Minuten bringen würden, hielt die Spannung an und machte einen ganz kribbelig. Bei jeden Angriff fieberte man mit: aus Hoffnung auf ein Tor für die eigenen Mannschaft oder aus Furcht vor einem Gegentor. Herrlich, dieses Gefühl. Als ob die ganze Arena den Atem anhielt, wenn die Nerven schier zum Zerreißen gespannt waren. Und dann die Erlösung: »Tor! Tor! Toooooor!« Mein Vater würde natürlich dabei sein, er würde nicht nur Heimaturlaub haben, er müsste wegen »Wichtigkeit« nicht mehr zurück in den Krieg, malte ich mir aus. Er würde morgens mit uns Stullen essen, ins Geschäft gehen und mich abends nach dem Skatkloppen mit seinen Freunden nach dem Trainingsfortschritt fragen. Er würde zu jedem Spiel mitkommen und immer gute Tipps auf Lager haben. Wie es ihm jetzt wohl ging? War es kalt, dort wo er war? Musste er frieren? Hatte er genug Anziehsachen mitgenommen? Seine »lange Elli«, wie er seine lange Wollunterhose nannte? Ich hoffte, denn einer seiner Lieblingssprüche war: »Kinder, zieht euch warm an, denn die Kälte greift den Darm an.« Und tatsächlich, er war nie krank. Sogar im tiefsten Winter, wenn alle hustend und mit Schnoddernasen herumliefen, war er rotwangig und kerngesund. Dafür lief er aber auch im Sommer mit langen Hosen und Kniestrümpfen durch die Gegend, selten sah man ihn ohne Jacke. Am liebsten wäre er noch mit einem Zobelpelz um den Hals baden gegangen, witzelte Annemarie immer. Ich schluckte bei dem

Gedanken daran, wie wir erst vor ein paar Monaten zusammen im Weißensee geplantscht hatten. Er hatte keine Lust gehabt, in die Badeanstalt in der Gartenstraße zu fahren. »Liegt doch allet vor der Tür. Warum in die Ferne schweifen …?« Er hatte mich geneckt, weil er viel besser schwimmen konnte als ich. Mein Hundepaddeln amüsierte ihn. »Du schwimmst wie ne bleierne Ente uff Grund«, hatte er gefrotzelt. »Wird endlich Zeit für den Freischwimmer.« Es hatte mich ein bisschen getroffen, doch ich wusste, er hatte Recht. Vor lauter Fußballspielen hatte ich nicht mal richtig schwimmen gelernt. Wir hatten versucht, uns gegenseitig unter Wasser zu drücken, geprustet und gelacht, bis Annemarie vom Ufer aus »Buletten und Kartoffelsalat« gerufen hatte … und jetzt? Ich wusste nicht einmal, wo er genau stationiert war. Ich hoffte jeden Tag auf einen Brief von ihm.

Leichter Nieselregen holte mich auf den Boden der Tatsachen zurück. Hier durfte ich heute wieder mal nicht mitspielen. So wurde das nichts. Ich kam einfach zu selten zum Zuge; irgendwie musste ich denen, ja allen, mal zeigen, was ich wirklich drauf hatte. Dieses Dilettantengekicke der Großen, gruselig: unsaubere Pässe, Flanken ins Nirwana, halbherzige Kopfbälle und niemals einen Hackenschuss. Wenn wir nur einen eigenen Platz zum Spielen hätten, aber alles Ringsrum war zugebaut – oder aber inzwischen zerstört, nirgends genug Platz zum Kicken. Auf der Straße war es ohnehin zu gefährlich und im Stadtpark war es schon vor dem Krieg verboten gewesen, so wie es ohnehin überall verboten war. Auch in den Ruinen, die zunehmend das Straßenbild prägten, ließ sich keine plane

Fläche zum Spielen finden, es war wie verhext. Resigniert zog ich die Jacke enger um mich und wandte mich vom ohnehin langweiligen Spielgeschehen der Großen ab. Ich lief mich ein bisschen warm, hängte ein paar Ausfallschritte dran und lupfte einige Bälle – nur so zum Spaß. Aber auch das besserte meine Laune nicht.

Schließlich hielt ich auf dem Platz Kriegsrat mit den Jungs; wieder ereiferten wir uns. Wir verfluchten die ignoranten Großen, dann den Neuen, seine schicken Schuhen und seine Arroganz. »Der kommt her, brüllt inner Jejend rum und macht gleich einen uff dicke Hose«, hörte ich mich selbst ereifern. »Dem werden wir zur Begrüßung wohl mal die Ohren lang ziehen.« Halbherzig stimmten die Jungs mir zu. Eigentlich hatten sie nichts gegen ihn, andererseits war die Aussicht auf einen kleinen Kampf auch nicht schlecht. Schließlich passierte hier sonst nicht viel, zumindest solange die Großen noch spielten und uns nicht mitspielen ließen. Außerdem war das Wetter jetzt wieder schön, was für uns schlecht war, denn es bedeutete, dass sie wahrscheinlich bis zum Abend spielen und den Platz erst kurz vor dem Abendessen freigeben würden, wenn wir ohnehin auch nach Hause mussten. Also unterbrachen wir das kurze Pässe-, Kopfball- und Jonglierenüben immer wieder, um Ausschau nach Kalle zu halten. Dem wollte ich gehörig eins auf die Zwölf geben; ich wusste selbst nicht genau, woher meine Aggression kam. Doch ich hatte umsonst die Fäuste geballt. Heute kam er nicht; fast enttäuscht ging ich nach Hause. Ich schaufelte das Abendessen in mich hinein, täuschte das Waschen und Zähneputzen vor und schlief dann unruhig unter meinem Hertha-Poster ein.

Kapitel 13

Mein Geburtstag nahte. Ich wünschte mir zwei Dinge mehr als alles andere auf der Welt: dass mein Vater mit uns feiern könnte und Fußballschuhe. Und zwar solche edlen Dinger wie der doofe Kalle sie sein Eigen nannte. Aber ich wusste, dass diese Wünsche – beide – unrealistisch waren. Darum erklärte ich Annemarie groß und breit, dass ich mir zum Geburtstag unbedingt »nur« einen Kuchen wünschte. Ich wollte sie nicht traurig machen, indem ich ihr von meinen unerfüllbaren Träumen erzählte, die Zeiten waren auch so schon hart genug – besonders für sie. Um die Sache ein wenig glaubhafter zu machen, behauptete ich, dass es ein ganz besonderer Kuchen sein müsse: ein »Gugelhupf nach Berliner Art«. Es schien tatsächlich zu funktionieren. Nachdem sie mich auf meine ausweichende Antwort hin zuerst skeptisch, dann furchtbar durchbohrend angeschaut hatte, ließ sie sich jetzt von der Kuchengeschichte ablenken. »Hm, Gugelhupf ist ja klar, aber ›nach Berliner Art‹? Was soll das denn sein? Leber ›Berliner Art‹ kenne ich ja, aber ein Kuchen ...«

»Ja, total lecker, hab ick neulich bei bei ... Franz, jejessen.«

Sie hakte nach: »Franz, der Sachse mit dem Topfschnitt?«

»Ja, jenau. Is wirklich so, die Mutter lässt ihn und seine acht Jeschwister immer antanzen und wie die Orgelpfeifen der Reihe nach uffstellen. Dann kriejt jeder n Topp uffn Kopp und sie schneidet mit der Küchenschere einmal drumherum.«

»Der Arme!«, rief sie aus, trotzdem kicherte sie verhalten. »Deswegen sieht der immer aus wie Prinz Eisenherz ...«

»Na, jedenfalls, die Mutter kann aber toll backen. Besagter Kuchen war ein Jedicht, unbeschreiblich lecker. Für den würd ick morden – oder zumindest ... eene Niere verkoofen«, schwadronierte ich. Übertrieben leckte ich mir die Lippen, während ich versuchte, nicht an die sündhaft teuren Fußballschuhe meines selbst erkorenen Feindes zu denken.

Annemarie lachte. »Na na, das wollen wir ja nun nicht – beides nicht.«

Ganz kurz schwankte ich, erwog für einen Moment, mir stattdessen doch wenigstens einen neuen Ball zu wünschen. Im KaDeWe hatte ich vor langer Zeit ein Angebot gesehen, keine Ahnung, ob es den Ball überhaupt noch gab. Allerdings betrug der Preis damals trotzdem noch fünfzehn Mark. Für meine Stiefmutter wäre das so oder so unerschwinglich gewesen. Der Laden lief schlecht; fünfzehn Mark, das war ein Vermögen in diesen Zeiten. Dafür bekam man zehn Äpfel, konnte die Zutaten für einen Eintopf kaufen, die Schuhe besohlen lassen, Kohle und sogar noch ein Trikot kaufen. Seit Wochen war ohnehin Schmalhans Küchenmeister bei uns, oft gab es nur Bratkartoffel – ohne alles ... Annemarie entschuldigte sich dann immer wortreich und machte einen Witz à la: »Kartoffel ist die Schwester von Kaviar, nur in Gelb und größer ...« Das konnte ich ihr nicht antun. Ich schluckte. Und besann mich wieder auf meine alberne

Kuchengeschichte. Es war anstrengend mich nicht zu verraten, am liebsten hätte ich meinen Geburtstag einfach vergessen. Zumal noch immer kein Brief von meinem Vater eingetroffen war.

Wenigstens schien mein Plan aufzugehen, ich hatte ihren Ehrgeiz geweckt: Am Morgen meines Ehrentages hatte Annemarie mir tatsächlich einen besonderen Kuchen gebacken. Er hatte nur nicht ganz die klassische Gugelhupfform, sah aber wirklich gut aus. »So, bitte schön, alles Gute zum Geburtstag, mein Kleiner!« Sie nannte mich noch immer so, obgleich ich sie nunmehr um Haupteslänge überragte, was bei ihrer geringen Körpergröße allerdings auch nicht schwer war. Sie presste mich an ihren nach Wäschestärke riechenden Busen. Ich räusperte mich, genoss die mütterliche Zuneigung aber von Herzen. »Na, was sagst du?« Stolz zeigte sie auf das Backwerk.

»Ick, ick … weiß nich«, stammelte ich dämlich. »Groß isser jedenfalls«, sagte ich lahm.

»Ja, und besonders lecker gefüllt.« Fröhlich schlug sie vor, gleich ein Stück zu probieren.

Ich wagte nicht zu protestieren, obwohl mir beim Gedanken an meine nicht vorhandenen Töppen, den schönen Lederball, der fern in irgendeinem Schaufenster lag, vor allem aber an meinen nicht vorhandenen Vater alles andere als nach Essen zumute war. Ich nahm das breite Brotmesser mit der Säge, um den seltsamen Geburtstagskuchen anzuschneiden. »Sieht aber anders aus als bei Franz«, wagte ich einzuwenden, da riss sie mir das Messer aus der Hand.

»Heute schneidet das Geburtstagskind mal nicht selbst den Kuchen an – ist doch auch eine echt blöde

Tradition, und überhaupt ...« Erschrocken musterte ich sie von der Seite. War sie nun sauer oder verletzt? Oder warum hatte sie so harsch reagiert? »So macht man das.« Vorsichtig setzte sie selbst das Messer an das duftende Gebäck. Zu meinem Erstaunen schnitt sie jedoch nicht mittenrein, um ein Stück herauszuschneiden wie üblich, sondern säbelte die obere Kappe ab, als wolle sie ein Ei köpfen. Genauso vorsichtig ging sie dabei vor. Mir kam das alles immer wunderlicher vor. Zufrieden legte sie schließlich das Messer zur Seite. »So, schau mal, gefällt dir die Füllung?«

»Ja, klar,« murmelte ich mechanisch, ohne hinzusehen. Sie schob mich näher heran und nun blieb mir der Mund offen stehen, als ich einen Blick ins Innere des Kuchens warf. Schwarz-weiß stach es mir entgegen. Darin lag ein niegelnagelneuer Fußball! Ich konnte es nicht glauben, blinzend und zwinkernd streckte ich die Hand aus, um mich zu vergewissern, dass ich nicht noch im Bett lag und träumte.

Breit grinsend wie ein Schulkind, das dem Lehrer einen besonders gelungenen Streich gespielt hat, strahlte mich Annemarie an. »Dit is ma n Kuchen, wa?« Sie schlug mir auf die Schulter, dass ich fast in die Knie ging. Wieder normal redend, sagte sie: »Ist allerdings nicht ›Berliner Art‹, ich nenne ihn ›Kuchen à la Annemarie‹, was meinst du ...?« Freudestrahlend begann ich den luftleeren Ball auszugraben und bewunderte ihn gebührend. Sie zwinkerte mir zu und schien sich fast ebenso zu freuen wie ich. Wir wussten beide, dass wir die nächsten Monate auf einiges würden verzichten müssen, aber das war mir in diesem Moment irgendwie egal. Wir saßen zusammen und mampften die

Kuchenhülle à la Annemarie; es war der beste Kuchen, den ich je gegessen hatte! Noch kauend überlegte ich fieberhaft, wo ich verdammt noch mal die Ballpumpe hingelegt hatte.

»Wie haste dit nur hinjekriegt?!«

»Ich kenne da so ein paar üble Gesellen, die mir noch was schulden«, zwinkerte Annemarie.

»Ehrlich?«, staunte ich.

»Nein, nein«, lachte sie, »unser ›spezieller‹ Kunde hat doch noch so seine Beziehungen …«

Am Nachmittag gab ich bei den Jungs natürlich mächtig an. Und es funktionierte. An diesem Tag war ich der König auf dem Platz. Und wir hatten Glück – wir hatten das Feld nämlich für uns. Weder Kalle noch die Großen ließen sich blicken … Ich rannte und schoss wie ein Irrer meinen neuen Ball. Die Pässe und Steilvorlagen, vor allem natürlich die »Bombenschüsse«, knapp an den eckigen Torpfosten vorbei oben ins Dreiangel – alles gelang mir heute. Ich fühlte mich wie ein Spieler aus dem Bilderbuch: elegant, wendig, unbesiegbar. Ich träumte mich zwischen die Profi-Herthaner und war für ein paar Stunden einfach nur glücklich, weil ich an fast nichts anderes dachte …

Wieder standen wir auf dem Bolzplatz, die Sonne schien freundlich von Himmel, es war ein schöner Tag. Ich hatte das Mittagessen heruntergeschlungen. »Was ist denn los? Hast du Hummeln im A… Arm?«, fragte Annemarie angespannt.

»Nee, ja – also, heute passiert wat, ick habe dit im Urin«, erwiderte ich und schnappte mir noch kauend meine Sportklamotten.

Und ich hatte Recht: Ausgerechnet an dem Tag, an dem Karl-Heinz wieder auftauchte, durften wir endlich bei den Großen mitspielen. Somit hatte ich keine Zeit für Revierkämpfe …

Es war ein großer Tag für uns, fast denkwürdig. Richtig regulär wurden wir in die Mannschaften gewählt, jeder – bis auf den lahmen Fritzi – durfte mitspielen. Während die Großen uns einteilten wie Vieh, beobachtete ich grimmig Kalle. Wo der nun wieder hergekommen war. Hätte der nicht heute mal zu Hause bleiben können? Na, egal. Der würde mir nicht in die Quere kommen. Kalle sah auf seine Füße. Sehr genau band er seine Schuhe, machte quasi eine Wissenschaft daraus. Der Lange mit dem Ziegenbärtchen ordnete an, wo man zu stehen hatte, zeigte nach rechts oder links, je nachdem, in welche Mannschaft er uns schickte. »Hopp hopp, wir sind hier ja nich im Kinderjarten. Wer spielen will, muss Einsatz zeijen«, schrie er.

»Wat is denn dit hier fürn Jebrüll, sind wir doch noch in die SA jekommen?«, flachste ein Junge neben mir. Leider einen Tick zu laut.

Kaltäugig kam der Große auf ihn zu und sprühte ihm ins Gesicht. »Wenn dir mein Ton nich jefällt, dann hau ab, du Warmduscher, hau ab.« Mit hängenden Schultern, aber nicht ohne seinem Rausschmeißer aus sicherer Entfernung noch mal die Zunge rauszustrecken, zog der Ausgewiesene von dannen. Niemand beschwerte sich weiter über die rüde Art des Langen. »Also, nu mal los, … du bist hier und du spielst bei uns. Ihr beede bei denen, du kommst zu mir.« Er teilte ein, wie es ihm in den Kram passte, willkürlich und frei nach Schnauze. »Du da« – er zeigte auf mich –

»kommst her zu mir.« Ich atmete auf. »Und du ooch.« Ich schluckte, er hatte Kalle zu uns in die Mannschaft geholt, ausgerechnet ... mit dem musste ich jetzt zusammenspielen ...! Auch das noch, es wurmte mich, lieber hätte ich GEGEN ihn gespielt – jetzt war er mein Teamkollege. Und: Fußball war und blieb nun einmal ein Mannschaftssport ... Doch ich wagte keinen Widerspruch. Hauptsache dabei sein. Schon ging es los. Wir waren alle sehr aufgeregt; ich brannte darauf den Ball zu ergattern.

Anstoß. Ich war für das Mittelfeld eingeteilt, Kalle ausgerechnet im Sturm. Er rannte los. Ich ließ den Ball fliegen. Seitenwechsel. Rückpass. Manndeckung. Ich rannte mich frei, meine Lunge pfiff. Ich bekam den Ball zugespielt, trickste einen Angreifer aus, ließ einen weiteren ins Leere laufen, wich einer fiesen Blutgrätsche gerade noch rechtzeitig aus. Dann schoss ich so doll ich konnte. Daneben. Viel zu weit vom Tor entfernt. Ich raufte mir die Haare und wagte erst wieder aufzuschauen, als ich ärgerliches Gebrüll vom Leitwolf hörte. Er zeterte in meine Richtung: »Dit is doch keen Zuspiel. Du bist hier nich alleene uffm Schlachtfeld, du Kollejenschwein!« Ich winkte ab und trabte weiter. Dem würde ich es schon zeigen, die nächste »Bombe« saß bestimmt; dann würde er mich loben und alles andere vergessen haben. Verbissen erkämpfte ich mir bei nächster Gelegenheit wieder den Ball und zog nach vorn. Ich fummelte einen aus, zwei, doch beim dritten hatte ich mich verschätzt; er tunnelte mich und ich war nicht nur blamiert, sondern auch beschimpft: »Du Döskopp, nich im Alleinjang. Noch so een Ding und du bist draußen!« Ich erschrak. Alles, nur das nicht. Ich wollte doch gerade zeigen, was ich konnte, was mein tägliches Training auch außerhalb des Vereins bereits für Früchte getragen hatte. Ich versuchte mich zu konzentrieren. Ich bemühte mich abzugeben, behielt die Bälle nur kurz, flankte gleich weiter – immer links, nur nicht rechts in Kalles Richtung ... dem gönnte ich das nicht. Doch die linke Seite war schwach.

Und so schrie er immer wieder: »Jib ab, jib ab.«

»Wat is los? Biste taub?«, rief unser ungekrönter Mannschaftskapitän außer sich. Kalle stand frei und brüllte sich die Lunge aus dem Leib. Ich konnte ihn nicht länger ignorieren. Also straffte ich mich, zog an zwei Gegnern vorbei und gab vernünftigerweise ... an Karl-Heinz ab. Eine wunderschöne Steilvorlage, die er auch glatt in das 1:0 verwandelte. Jubel brach aus. Die Großen in unserem Team waren außer Rand und Band. Sie klopften uns auf die Schulter – Kalle und mir. Ich schwitzte. Freute mich unbändig, schlug ein. Wir hüpften eine kleine Freudenrunde: drei halbwüchsige Jungs, Kalle und ich. Für einen Augenblick vergaß ich meinen Groll und sonnte mich einfach nur im Erfolg. Endlich hatte es geklappt. Auch wenn ein kleiner Stachel Neid mich in die Seite pikte, zu gern hätte ich das Tor selbst geschossen; die ehrliche Anerkennung vom Kapitän machte aber alles wett: »So einen wie dich können wir jebrauchen«, sagte er ernst, während er mir kameradschaftlich auf den Hosenboden klopfte. Dann drehte er sich zu Karl-Heinz um: »Und deinen Freund natürlich ooch, tollet Tor.« Bevor ich protestieren konnte, versprach er: »Nächstet Mal seid ihr zwei wieder dabei, jut jemacht!« Ich strahlte. Der Rest des

Spieles ging uns leicht von der Hand, oder eher vom Fuß. Es war unser Tag!

Noch beim Zusammenpacken unserer wenigen Habseligkeiten redeten alle über das Spiel. »Mensch, der Neue hat aber nen Schuss druff, nich von schlechten Eltern«, bemerkte sogar Herrmann anerkennend.

»Ja, eens muss mer ihm lassen, spielen kann er«, erwiderte Franz.

Ich musste es mir wohl oder übel eingestehen: Sie hatten Recht.

Kapitel 14

Die Sonntage waren lang. Auf der Suche nach Zerstreuung stromerte ich durch die Straßen und überlegte, was zu tun sein. Ehe ich mich versah, hatten mich meine Schritte in eine nahe gelegene Straße auf den zweiten Hinterhof geführt, genau dorthin, wo in einer spärlich eingerichteten Wohnung Heinrich mit seinen Eltern und seinen Geschwistern wohnte. Ich stand im Hof, sah hoch zu seinem Fenster und pfiff. Augenblicklich sah ich seinen Kopf, »Wat los, Bombe? Langeweile? Oder bettelste wieder um nen Kanten?«, flachste er.

»Nee danke«, konterte ich. »Kannst dein hartes Brot selber essen!«

»Mutter, Mutter, noch ne Stulle, eene mit Schmalz und noch n Bier – nur für mir ...«, witzelte er singend. »Jib her, jib her, gib her die Wurst, denn in der Not schmeckt die Wurst ooch ohne Brot.« Er veräppelte uns gern, hatte aber selber immer Hunger. Ständig hatte er Knast – seitdem der Krieg andauerte natürlich noch mehr; er konnte an keinem Obststand vorbeigehen, ohne etwas Essbares einzustecken. Leider stellte er sich dabei nicht sehr geschickt an, sein schlechtes Gewissen ließ schon im Vorfeld seine Hände zittern, und oft mussten wir deshalb ganz schön flitzen, um den ohrfeigenbereiten Händen der wütenden Händler zu entgehen. »Und wieder haben wir elejant die Bieje jemacht«, schnaufte er dann hinter der nächsten Straßenbiegung in vermeintlicher Sicherheit.

Er stand noch immer am Fenster und sah unentschlossen zu mir hinunter. Ich überlegte, grummelte, rief dann: »Komm endlich runter und quatsch nich blöd. Und bring dein Album mit!«

Unsere Alben, in denen wir gesammelte Fußballbilder einklebten, waren unser ganzer Stolz; wir tauschten und verglichen, träumten und handelten wie verrückt. Auch wenn die Hefte von außen schon etwas speckig aussahen – das kam vom vielen Herumtragen und -zeigen –, innen waren sie tipptopp. Akkurat auf Kante klebten wir Bild für Bild ein, wenn wir ein neues unserer Sammlung hinzufügen durften. Da diese meist in Waschmittelpackungen als Kaufanreiz beilagen, musste Annemarie ständig Persil kaufen. Ich war regelmäßig in Jubelgeschrei ausgebrochen, wenn sie mit einer neuen Packung zu Hause angekommen war, hatte mich auch immer wieder angeboten, den Einkauf für sie zu erledigen. Sie seufzte dann theatralisch: »Nichts zu kauen, aber wenigstens saubere Wäsche, was …? Mann, Mann, Mann, so viel waschen kann ja nicht mal ich, wie du Bilder brauchst.«

Heinrich polterte lautstark die Treppe hinunter; er nahm immer drei Stufen auf einmal und rutschte den Rest rittlings auf dem wurmstichigen Holzgeländer herunter. Wir setzten uns in den Innenhof neben die Teppichklopfstange und betrachteten unsere Alben; seines war noch ziemlich dünn, während meines inzwischen bereits halb voll war. Mit den anderen tauschte ich immer, aber Heinrich schenkte ich meine doppelten Bilder, weil seine Mutter nur äußerst selten eine Packung mit den begehrten Sammelbildchen kaufen konnte. Es waren einfach zu viele Mäuler zu stopfen, weshalb sie auf Vermittlung unseres Religionslehrers auch jede Woche in die Kirche gehen durften, um dort Trockenkartoffeln, Gemüse, mal einen Liter Milch und Kleider zu bekommen. Heinrich war das sehr peinlich, er redete nie darüber, und versuchte, seine Situation mit rüden Bemerkungen und Ironie zu überspielen. Wir waren total vertieft in die noch auszufüllenden Lücken, redeten über die bereits eingeklebten Spieler und deren Leistungen, schwankten von Minute zu Minute, was unsere Favoriten anging und stellten uns vor, einmal selbst so erfolgreich und berühmt zu werden. Als wir aufschauten, standen ein paar böse aufgeschürfte Knie, blutig verkrustet vor uns, darunter zierten blau-weiße Schienbeinschoner die dünnen Beine, an deren Ende die wunderschönen Fußballschuhe, auf die jeder so neidisch war, prankten. Bevor ich noch »die kenn ick doch« denken konnte, sprach Kalle uns an.

Er gebärdete sich selbstbewusst, doch ich hatte in seinen Augen ein unsicheres, fast ängstliches Aufblitzen gesehen, bevor er den Mund aufmachte: »Ick hab meins fast voll, willste ma sehen?« Er schwenkte euphorisch ein dickes Bündel neuer Bilder vor unseren weißen Nasen hin und her.

Ich hatte mich zuerst gefasst. »Ach, Quatsch! Dit is doch bloß wieder so ne Anjeberei.«

»Jar nich, ick hab alle bis uff Eenen!«

»Wer dit gloobt, wird selig«, entgegnete Heinrich lakonisch.

Er kam aber doch ins Zweifeln, als Kalle laut wurde: »Wetten ...?! Komm doch mit rein, wenn du mir nich gloobst.« Heinrich und ich sahen uns ratlos an.

»Ehrlich wahr Mann. Ick kann es beweisen, ick wohn hier gleich, im Vorderhaus. Dann zeig ick et euch.«

»Na dit wollen wir doch mal sehen!« Wir kamen umständlich aus unseren Schneidersitzen hoch, klemmten unsere Alben unter den Arm und folgten ihm. Doch Heinrich kam nicht weit, kurz vor dem Hofdurchgang erscholl die Stimme seiner Mutter aus dem oberen Fenster: »Heeeeeeinrich! Komm mal schnell hoch! Ick brauch dir bei die Kleenen!«

»Verdammt, sie hat mich jesehen«, fluchte Heinrich, normalerweise drückte er sich im Schatten der Hausmauern entlang, trollte sich jetzt aber lieber. »Jeh schon mal vor«, sagte er vage. Aber ich wusste, dass es heute nichts mehr mit ihm werden würde. Er würde seiner Mutter, vor allem aber seinem Vater gehorchen. Zu oft schon hatte ich die bösen roten Striemen gesehen, wenn wir beim Spielen die Hemden wegen der Hitze auszogen hatten. Sein Rücken war gezeichnet, von alten und neuen Narben. »Ach, dit is nüscht«, wehrte er nur lapidar ab, wenn man ihn darauf ansprach, aber ich wusste, dass es höllisch weh tun musste, wenn ihn sein Vater mit dem Gürtel »züchtigte«. Bei ihm klang es, als würde er von den Brotpreisen sprechen und nicht von regelmäßiger Prügel, die kaum einer von uns anderen so ertragen würde wie Heinrich. Wahrscheinlich war er einer der wenigen Jungen, die bedauerten, dass ihr Vater aufgrund seiner Arbeit nicht den Gestellungsbefehl erhalten hatte. »Es is wie es is, wenigstens ernährt er uns, und vergreift sich nich an meenen Halbjeschwistern«, sagte er nur, wenn wir ihn mitleidig ansahen. Doch ich meinte, in seinem Innern eine kalte Wut glimmen zu fühlen. Sie würde wachsen und eines Tages aus ihm herausschießen wie ein Vulkan, befürchtete ich. Doch er wollte immer nichts als Fußball spielen und blaffte uns stets nur an: »Nun lasst uns weiterspielen, verdammt, oder wollt ihr hier Wurzeln schlagen! Verdammte faule Saubande!«

Ich beobachtete Kalle aus den Augenwinkeln. Einen Augenblick lang zögerte ich, überlegte auch nach Hause zu gehen, fand aber keinen plausiblen Grund einen Rückzieher zu machen. Also ging ich mit, zudem war ich neugierig, ob er tatsächlich die Wahrheit sagte und das Album fast voll hatte. Ich kannte keinen einzigen Jungen im ganzen Kiez, der so viele der begehrten Bilder hatte. Ein Seitenaufgang führte in die oberen Etagen des Vorderhauses. Hier waren die Stufen mit Teppich bedeckt und das Holzgeländer kunstvoll gedrechselt, es roch nach Bohnerwachs und Rinderbraten. Vor einer schwer aussehenden Wohnungstür blieb er stehen und nestelte einen Schlüssel aus seiner ausgebeulten Hosentasche. »Is keener da«, nuschelte er in seinen zart flaumenden Bart. Im Flur war es dunkel und es roch nach Mottenkugeln. Wir gingen weiter: Ich warf einen Blick in ein Zimmer, das mit schweren dunklen Vorhängen verhangen war, von Esszimmer-Möbeln und einem samtbezogenen Sofa, einer Chaiselongue dominiert wurde ... vermutlich das Wohnzimmer. Von so einer »großzügigen guten Stube« träumte Annemarie schon seit Jahren, nur allzu oft schilderte sie minutiös ihre Einrichtungs- und Dekorationswünsche. Wenn ich ein Fußballstar geworden war, würde ich ihr als allererstes diesen Wunsch erfüllen, dann könnte sie sich richtig austoben, in Stoffen und Möbelkatalogen schwelgen und sich ihr persönliches Reich schaffen, so wie sie es sich vorstellte – ohne Wenn und Aber. Aber bis dahin war es noch ein langer Weg. Ob ich es jemals schaffen würde? Ich hoffte es so sehr, dass es weh tat. Meine Gedanken kehrten in die Gegenwart zurück. Am Ende des Korridors – neben der langen schmalen Küche – lag das Jungenzimmer. Ein riesiges Bett, in dem Heinrich samt seinen Brüdern Platz gefunden hätte, ein Schreibtisch und eine umfassende Fußball-Utensilien-Sammlung füllten beinahe den ganzen Raum aus. Ich sah mich neugierig, aber doch etwas unbehaglich um. Ich kam mir angesichts des augenscheinlichen Wohlstandes fremd vor. Zudem spürte ich Neid. Schon bereute ich mitgegangen zu sein. Karl-Heinz schien das zu ahnen. »Bitte, komm doch rein«, bemühte er sich, mich hier zu behalten. »Nimm Platz, wo du möchtest.« Kalle war plötzlich seltsam höflich. Er sah mich an, aber ich fühlte, dass er genauso verlegen wie ich war. Also schluckte ich mein reflexartiges »Du musst jetzt jar nich uff dicke Maxe machen«, das mir schon auf der Zunge lag, herunter und sah mich nach einer Sitzgelegenheit um. Schließlich setze ich mich auf die Bettkante. Mein Gastgeber drehte mir den Rücken zu. An den sorgsam tapezierten Wänden: eine Schmetterlingssammlung, urgs, ein paar Sportberichte aus Zeitschriften ausgeschnitten, ein Hertha-Poster. Vor allem, einige handsignierte Bälle und Trikots, die einem das Staunen aufs Gesicht zauberten. Emsig kramte Kalle in den Sachen und zog ein ähnlich abgegriffenes Fußballalbum wie meins hervor. Das hatte ich ja schon fast vergessen. »Hier, hier is et – außer auf Seite siebzehn fehlt nüscht mehr.« Aufgeregt blätterte er darin herum, seine Finger schienen zu zittern.

Unwillkürlich nahm ich ihm das kostbare Album ab. Ich fing mich wieder und setzte eine herablassende Miene auf: »Jib ma her«, murmelte ich. Ungläubig blätterte ich Seite für Seite um; tatsächlich, alle gefüllt – bis auf die, von der er erzählt hatte. Angeber, dachte ich, war aber doch beeindruckt. Zur Sicherheit blätterte ich das Werk noch einmal langsam durch. »Nich schlecht.« Ich versuchte mir, meine Überraschung und Bewunderung nicht allzu deutlich anmerken zu lassen. »Schöne Sammlung, woher haste denn so ville?«

»Aus Zigarrettenschachteln, hauptsächlich«, antwortete er. »Da sind meistens die besten, die seltenen Bilder drin.«

»Nee, die Schmetterlinge, meine ick«, versuchte ich ihn aus dem Konzept zu bringen.

»Ach so, selbst gefangen.«

»Raucht dein Vater so viel?«, kehrte ich zum eigentlichen Thema zurück.

Er neigte den Kopf: »Nee, meine Mutter.«

»Ach.« Damit war unser Gespräch vorerst beendet. Wir schwiegen eine Weile, dann gab ich ihm in Ermangelung einer Alternative das Album zurück. »Na, denn werd ick mich mal uff den Weg nach Hause machen«, erklärte ich umständlich.

Er nickte. Dann flackerte es in seinen Augen. »Willste nen Pfannkuchen?«, fragte er unvermittelt. Bei dem Gedanken an mit Pflaumenmus oder Kirschmarmelade gefüllte Berliner lief mir das Wasser im Mund zusammen.

»Klar, wieso nich«, erklärte ich betont desinteressiert. Sollte er tatsächlich solche Köstlichkeiten hier haben? Ich folgte ihm in die Küche, wo ein großes

Paket mit Gebäck stand. Mannomann, nicht schlecht – seine Mutter schien wirklich nicht zu geizen, und gute Beziehungen zu haben – in diesen Zeiten so viele Pfannkuchen ... Schweigend ließen wir es uns am Küchentisch schmecken. Er hatte Kakao und Limonade auf ein Tablett gestellt, ich trank drei Gläser, aß vier Pfannkuchen, weil es so gut schmeckte. Beim letzten Bissen schämte ich mich ein bisschen meiner Gier, und verstand plötzlich Heinrich nur zu gut, wenn er bei uns wortkarg zu Abend aß. Als ich satt war, kam es mir doch etwas schäbig vor, jetzt einfach auszustehen und zu gehen. Deshalb bemühte ich mich, das zu tun, was meine Stiefmutter »Konversation machen« nannte. »Welche Position spielste denn normalerweise?« Er sah mich erstaunt an. »Also, in deinem alten Verein ...?« Seine Augen leuchteten auf, als er langsam zu sprechen begann.

Er erzählte mir von seiner alten Mannschaft, dem Trainer, dem immer aufgeweichten Platz, den letzten Spielen. So kamen wir ins Plaudern. Er hatte eine Menge Ahnung von Fußball, zumindest theoretisch. Er war interessiert, und dass er auch spielerisch was auf dem Kasten hatte, hatte ich ja selbst gesehen. Während er redete, glätteten sich seine verspannten Züge und seine Sommersprossen schienen wie Sonnenflecke auf seinem Gesicht auf und ab zu hüpfen. Er schwärmte für »die Alten«: Spieler wie Fritz Szepan, Paul Janes und Ernst Lehner. Und von der ersten WM-Teilnahme der deutschen Nationalelf 1934 in Italien erzählte er, als wäre er selbst dabei gewesen: »Dit war wat, sag ick dir! Die erste Weltmeisterschaft, die von 1930 in Urugay, haben unsere Jungs ja wie die meisten europäischen Mannschaften sausen lassen wejen der langen Schiffsreise – Mann, müssen die uffjeregt jewesen sein vier Jahre später! Und denn gleich Dritter jeworden – fast so schön wie Erster ... Dabei hätten sie es sojar fast ins Finale jeschafft bei den Torschüssen. Aber der Tschechoslowake Planicka, der Torhüter, hatte im Halbfinale wahre Wunder vollbracht, der hat echt allet jehalten, tja schade für uns. Na ja, eener kann nu mal nur jewinnen. Aber wenn sie im Endspiel jestanden hätten, hätte sie mit den Düsseldorfern Paul Janes und Karl Hohmann, vor allem aber dem Schalker Fritz Szepan ne echte Chance auf den Titel jehabt, stell dir dit mal vor: gleich bei der ersten WM-Teilnahme!«

»Hätte, würde, könnte ...«, meckerte ich. »Dit kenn ich, is doch nach jedem Spiel das Gleiche – immer heißt es ›Hätt der Hund nich ..., hätt er n Hasen ...‹«

Einen Moment sah mich Kalle irritiert an, dann fuhr er ohne Umschweife fort: »Wie ooch immer, damit spielten sie plötzlich janz vorne mit im internationalen Fußball ...«

»Im wahrsten Sinne des Wortes«, kommentierte ich trocken.

Doch er ließ sich in seinem Redefluss nicht beirren: »Meine Jüte, überleg doch ma. Nich nur bei einem großen Spiel mitmachen, nich nur ein Länderspiel, bei der Weltmeisterschaft – der Wahnsinn. Davon träume ick!« Er schaute versonnen aus dem Fenster, vor dem ein paar Großstadtspatzen aufgeregt um einen Krumen kämpften. »Unglaublich wäre dit: rumreisen, die Welt sehen, die tollsten Spieler treffen, ja sojar eener von ihnen sein. Autogramme jeben, und denn, wenn es losjeht, würde alle Welt dir zugucken und zujubeln!«

»Ja, außer der gegnerischen Mannschaften«, sinnierte ich.

»Du bist aber ooch ..., Mönschenskinda! Ein Pessimist vorm Herrn, du!« Er trank noch einen Schluck, malte sich seinen Traum weiter aus: »Wat für ein Beruf: riesije Stadien, tolle Plätze, so sauber und jepflegt wie der Schlosspark. Wahnsinnige Ausrüstung, die feinsten Lederbälle und du darfst nich nur, du musst den janzen Tag Fußball spielen. Ein Traum ...!«

Er quatschte und quatschte und sprach mir, ohne es zu ahnen, aus der Seele. Als es draußen dunkel wurde, war er mir regelrecht sympathisch geworden. Aber das hätte ich nie zugegeben. So leicht konnte ich es ihm nach allem, was passiert war, nicht machen. Ich kam mir vor, als hätte ich mich selbst verraten. Vielleicht war es mir aber auch nur unangenehm, dass die Leckereien in seiner Küche ihr Übriges getan hatten.

Kapitel 15

Der Unterricht fand nur noch sporadisch statt, aber unser Schulleiter, ein vom rechten Pfad abgekommener Vollblutpädagoge, bemühte sich, den Lehrbetrieb nicht vollends lahm liegen zu lassen. Für ihn war die Aufrechterhaltung des Schulbetriebes eine grundsätzliche Sache, quasi sein Zutun zur »Stärkung der Heimatfront«. Bildung hielt er für wichtig, Ordnung und Disziplin mussten seiner Ansicht nach vor allem in der Schule vermittelt werden. Selbst wenn er damit gleichermaßen Schüler wie Lehrpersonal gefährdete, denn immer wieder kam es zu Fliegeralarmen; nur unser altes Schuldach trennte uns von den feindlichen Bombern über unseren Köpfen. Aber er war ein hohes Tier in der Partei und wer die Schule schwänzte, musste unter Umständen mit noch Unangenehmerem rechnen, zumindest drohte er regelmäßig mit seinen Beziehungen zur Gestapo. Ob das stimmte, wagte keiner zu ergründen. So saßen wir öfter im Klassenzimmer als daheim, während sich einige Freunde längst in der KLV, der Kinderlandverschickung, in Heimen auf dem Land befanden. Das schönste an der Schule waren die Pausen, denn da, auf dem Hof sah ich SIE: Anita. Sie war schlank und kurvig, frech, aber auch schüchtern, ein Mädchen von nebenan und doch unnahbar: Sie war eine Göttin. Meine Göttin. Doch davon, ihre Hand zu halten, sie auf die Wange, vielleicht sogar auf den Mund zu küssen, träumte nicht nur ich. Sie war das schönste – und was noch wichtiger war – das aufregendste Mädchen an der Schule. Ihre frauliche Figur lud so manchen Pennäler zum Träumen ein. Schmachtend starrten wir Jungs ihr hinterher, wenn sie hüftschwingend die langen öden Schulflure mit Verheißung erfüllte. Kaum einer traute sich jedoch den süßen Käfer tatsächlich anzusprechen. Sie war für ihre kühle abweisende Art bekannt, sobald sie mehr als kumpelhaftes Interesse bemerkte. Sie lachte und kreischte mit den anderen mit, ließ sich kein Wettrennen entgehen und feuerte die Kämpfer bei jeder Keilerei an; ging es aber ums Flirten, gefror ihr Lächeln zu Eis. Traf man sie auch auf der Straße beim Hopse- oder Völkerball-Spielen an, so doch niemals in Begleitung eines Jungen. Das machte die Sache nur umso interessanter und weckte bei mir zusätzlich den Jagdinstinkt. Angeblich hatte sie einen strengen Vater, der als Nachtwächter bei den Siemens-Werken arbeitete. Er hatte nur noch einen Arm, wohl ein »Kriegsandenken«. »Sie kommen aus allen Straßen und den Gossen, jeder is in sie verschossen. Jeder liebt sie in der Stadt, weil sie so schöne … Augen hat«, textete Heinrich gern, während er sich über die liebeskranken Jungen lustig machte, dabei aber selbst keine Gelegenheit ausließ, in Anitas Nähe zu sein. Er hatte ihr sogar schon die Schulbücher tragen wollen, was sie aber brüsk mit den Worten »Seh ick aus wie ne alte Frau?!« abgelehnt hatte. Seitdem dichtete mein abgewiesener Freund anzügliche Zeilen über die Holde. Tatsächlich allerdings hatte sie zwei auffallend wohlgeformte, perfekt proportionierte … Augen, die so manchen Blick auf sich zogen. Heimlich stellte ich mir manchmal vor, wie es sich wohl anfühlen würde, sie fest gegen mich zu drücken.

»Nur der Mann der Tat ist ein Mann. Quatschen kann jeder«, war Annemaries Kommentar, als sie meine Schwärmerei bemerkte. Also nahm ich all meinen Mut zusammen, zog mein bestes Hemd an und wagte es eines Tages sie anzusprechen. Es ließ sich leider nicht vermeiden, dass wie zufällig ein Pulk meiner männlichen Mitschüler ganz in ihrer Nähe herumlungerte, als ich in der Pause auf sie zuging. Ich hatte weiche Knie, und plötzlich kam mir meine zurechtgelegte Idee sehr peinlich vor. Ich wollte gerade einen Rückzieher machen, als sie mich bemerkte.

»Na, Bombe, hast ja nen tollen Schuss beim Schulturnier neulich hinjelegt.«

Wow, sie hatte mich nicht nur erkannt, sondern auch noch gelobt! Na nun aber vorwärts, besser konnte es ja gar nicht laufen. »Ach wat«, winkte ich ab. »War doch nüscht.«

»Na aber«, protestierte sie, »du hast deine Mannschaft zum Sieg jeschossen.«

»Dit wünscht sich Hitler ooch«, scherzte Heinrich in der Runde stehend vorlaut. Ich strafte ihn mit einem bösen Blick und wandte mich wieder meiner Beute zu, obgleich ich mich mehr als Gejagter denn als Jäger fühlte. Sie sah mich abwartend an; ich öffnete den Mund, schloss ihn wieder, stotterte Blödsinn über das Wetter und überlegte fieberhaft, wo ich das nächste Mauseloch finden könnte. Dann gab ich mir einen Ruck: »Also Anita, kurz und jut: Ick wollt ma fragen, ob du Lust hast …«

Doch weiter kam ich nicht; ich hatte zu lange gezögert. Hastig nahm Anita ihre Tasche vom Boden. Dann sah sie mich zerstreut an: »Wat wollste sagen …?

Ach Mensch, wir haben ja Turnen – tut mir leid, du. Ick muss schnell meine Sachen holen, sonst komm ick wieder zu spät. Die Panopke frisst mich uff, die hat mich eh schon uffn Kieker ...« Und noch ehe ich etwas erwidern konnte, war sie schon in der Menge der Schüler verschwunden. Mutlos und enttäuscht ließ ich den Kopf hängen.

»Na, dit war wohl een Schuss in den Ofen«, hörte ich eine Stimme hinter mir raunen. Missmutig drehte ich mich zu dem Zeugen meiner schmählichen Niederlage um. Kalle! Auch das noch.

»Ach, halt bloß dein Maul«, entgegnete ich streitlustig. Doch mein verbaler Hieb ging ins Leere.

»Du musst am grünen Tor warten«, antwortete er. »Da kommt sie nach dem Turnen immer raus.«

Das war eine Chance, da musste sie an mir vorbei, das Tor war schmal ... Ich könnte sie gar nicht verpassen. Vorausgesetzt, ich würde mich noch einmal trauen. »Woher weißt du denn dit?«

»Ick kenne ihren Stundenplan.«

Ich stutzte. »Wieso denn dit?! Stehste ooch auf die flotte Biene? Na ja, wer nich?« Er schaute schnell zu Boden, doch es war zu spät. Ich hatte den sehnsuchtsvollen Ausdruck in seinen Augen bereits gesehen. »Ach so is dit. Du bist verknallt in sie. Mehr noch: Du stellst ihr nach. So einer biste ...« Ich lachte gemein. »Na, dit werd ick ihr wohl stecken.«

Kalle wurde rot, so rot wie nur ein verliebter Pubertierender werden kann. Er glühte förmlich, und seine Ohren drohten jeden Moment zu explodieren. Dann, ganz plötzlich wurde er ruhig. Er sah mich entschlossen an. »Wenn du dit machst ....« Er sprach nicht weiter.

»Wat denn?«, fragte ich provozierend. »Dann hauste mich mit deinen dünnen Ärmchen oder wat?«

»Dann … dann. Dit wirste bereuen.« Er sah so wütend und verzweifelt aus, dass ich schauderte; in diesem Moment glaubte ich ihm aufs Wort.

»Is ja jut, war ja nur Spaß«, lenkte ich vorsichtig ein; mir wurde mein schäbiges Verhalten schlagartig bewusst und ich sagte versöhnlich: »Is aber auch dufte, die Puppe. Du … äh … danke.« Kalle hatte sich bereits umgedreht und hockte auf einem umgekippten Baumstamm, scheinbar in sein Mathebuch vertieft.

So oder so, ich bekam an diesem Tag keine Gelegenheit mehr mit Anita zu reden: Ihr Sportunterricht war ausgefallen und ich wartete vergeblich am grünen Tor. Leider hatte mich der Mut verlassen, einen weiteren offenen Vorstoß zu unternehmen. Einmal aber folgte ich ihr heimlich. Es begann damit, dass ich hinter einem Paketwagen, diese gelben Autos wurden mit Elektromotoren angetrieben, beziehungsweise fuhren mit großen Batterien, hinter ihr herlief. Ich schlich wie ein linkischer Spion an den Hauswänden entlang, zog den Kopf ein und versuchte einen Blick auf ihre Figur zu erhaschen. Ich sah, wie sie an der Ampel stehenblieb, einem Bekannten zuwinkte und sich verstohlen in einem Hauseingang am Hintern kratzte. Aber das tat meiner Schwärmerei keinen Abbruch, im Gegenteil, ich dachte nicht mehr nur an ihre langen seidige Zöpfe und an ihre kleine Stupsnase … Doch näher kamen wir uns nie. Kurz danach zog sie aufs Land zu ihrer Tante, weil es ihren Eltern im Kriegsberlin nicht mehr sicher genug war. Sie wurde evakuiert, wie so viele andere auch. Die halbe Schule trauerte mit schwarzen Binden am Arm aus Jux und Dollerei, als die »schöne Anita« fortging ... Kalle aber traf es wirklich; ich registrierte – fast gegen meinen Willen – wie er immer stiller wurde. Kein frecher Spruch kam mehr über seine Lippen. Seine den Unterricht störenden Kommentare hatten mich zwar gewurmt, seit er in meiner Klasse saß, weil sie meinen Status als erster Klassenclown infrage stellten, waren aber unterhaltsam gewesen. Außerdem stand dann nicht immer ich in der Ecke und bekam den Tadel, wir teilten uns nun quasi dieses zweifelhafte Privileg. Jetzt, ohne seine Schlagfertigkeit, fehlte etwas, und ich selbst hatte immer weniger Lust auf Knatsch mit den Lehrern. Es wurde ziemlich langweilig in unserer Klasse, die bislang als alles andere als normal bekannt war. Ich versuchte ihn zum »Ruinenräubern« anzustacheln – ein beliebter Zeitvertreib –, doch er war zu nichts zu bewegen. Alles, was aus ihm rauszubringen war, war die Redensart: »... alles Scheiße, deine Elli.«

Also stiefelte ich allein los, gab aber schon bald auf; allein war es nicht aufregend, sondern bedrückend. Unser Küchenschrank glänzte schon wieder durch gähnende Leere. Bis auf ein paar mickrige Bohnen fand sich darin nichts mehr. Ich hatte es satt, ich konnte kein Schrumpelgemüse mehr sehen. Ich wollte mal wieder einen richtigen Sonntagsbraten, oder wenigstens einen Eintopf mit Fettaugen und Suppenfleisch. Ich wusste, dass mich die Hälfte unserer schmalwangigen Nachbarn undankbar nennen würden, doch ich konnte nichts dagegen tun. Der Appetit war mir vergangen. Ich wollte Eierkuchen mit Schmand und Blaubeeren, ich wollte Kassler essen, und vor allem wollte ich, dass alles so war wie früher. Auch wenn das bedeutete, dass mein Vater mich mit seinen Schönschriftübungen bis zur Weißglut triezte. Ich wollte Sicherheit, meine alten Lehrer zurück, zumindest die meisten, und ich wollte keine Angst mehr haben müssen. Davor, dass mitten im Unterricht die Sirenen zu heulen begannen, dass über uns, nur von unserem lächerliche Schuldach getrennt, bombenbeladene Flugzeuge kreisten. Endlich nichts mehr fürchten zu müssen, morgens ohne Pausenbrot los zu müssen, oder schlimmer noch, die begierigen Blicke der Mitschüler ertragen zu müssen, wenn man in sein eigenes beißt. Keine Angst mehr um das eigene Wohnhaus, die Verwandten, vor dem nächsten Brand zu haben – das wäre was! Schwärmend in die eigene Zukunft sehen zu können, sich ganz dem Traum von der Fußballkarriere hingeben zu können, ohne zu fürchten, dass man vielleicht schon morgen einer von den Piefkes zu sein, die von der Schulbank weg in eine Uniform gesteckt werden. »Fürs Vaterland« – wie viel Zeit würde Pimpfen wie uns schon bleiben, wenn wir erst einmal an der Front gegen Männer kämpfen sollten, von denen wir nichts wüssten, außer dass sie »Feinde« waren? Ich verstand nicht, warum sich tatsächlich einige der älteren meiner Freunde freiwillig gemeldet hatten. Himmel Herrgott noch mal! Ich wollte nicht jeden Tag um mein Leben bangen; das genügte schon hier in der Stadt in meinem gewohnten Umfeld. Wo ich wenigstens Annemarie hatte, und den Fußball. Allein in einem Schützengraben, schlotternd vor Angst und Kälte … Ich schloss die Augen. Ich wollte leben. Und Fußball spielen. War das zu viel verlangt?!

Kapitel 16

Die Todesfälle häuften sich. Und es wurde kühler. Mit den sinkenden Temperaturen wurden viele krank; ohnehin von Unterernährung und Sorgen geschwächt, forderte die Grippe schon im Herbst des Jahres zahlreiche Opfer. Eines Morgens bekam ich heftige Ohrenschmerzen. Zuerst erfasste mich Panik, doch der Schmerz war wohlbekannt. Ich stöhnte innerlich, doch dieses Mal schien er besonders schnell und heftig zu kommen. Der Schmerz überrollte mich wie eine Lok. Gegen Abend konnte ich kaum noch meinen Kiefer bewegen, so sehr brannten meine Ohren. Dumpf und zugleich spitz fraß sich der Schmerz zu beiden Seiten meines Kopfes in mein Gehirn. Meine Stirn wurde heiß und schon bald litt ich an olfaktorischen Halluzinationen: Unerträglich penetrant begleitete mich der Geruch nach ranzigem Fett. Ich meinte ständig diesen Gestank zu riechen, selbst, wenn ich mir die Nase zuhielt; ich konnte ihm nicht entkommen. Alles, was ich aß, schmeckte nach altem Fett; es war ekelerregend. So etwas hatte ich noch nie erlebt – und auch meine Stiefmutter war stärker beunruhigt als bei meinen vorangegangenen Erkrankungen. Ich war anfällig für heftige Mittelohrentzündungen, leider auch für beidseitige. Doch dieses Mal erlitt ich solch starke Schmerzen und bekam so hohes Fieber, dass keine warme Zwiebel auf dem Ohr, kein Wadenwickel mir Linderung verschaffen konnte. Ich weinte stundenlang vor Schmerzen. Meine Stiefmutter schloss den Laden mitten am

Tag, was sie sonst nie tat, egal wie wichtig etwas war. Der Arzt diagnostizierte eine monströse Vereiterung. So heftig, dass sie mir erklärten, meinen Kopf hinter dem Ohr aufmeißeln zu müssen, um der Entzündung beizukommen. Sonst könne der Eiter nicht abfließen. Wie damals üblich bei solch starken, nicht abklingen wollenden Entzündungen setzten sie ihre letzte Hoffnung in diese drastische Maßnahme. Mir wurde sehr flau im Magen, genauer gesagt kotzübel, bei der Vorstellung an ein Loch in meinem Kopf und andererseits an noch mehr unmenschlichen Schmerz. Meine Stiefmutter zitterte angesichts meiner Reaktion auf die bevorstehende Behandlung und fällte eine Entscheidung. Sie kam zu mir, ganz dicht an mein linkes Ohr, legte ihre Hand zärtlich an mein Kinn und sagte leise: »Hör zu, ich weiß, dass du das nicht willst und Angst hast. Ich werde diese Operation nicht zulassen. Vorerst noch nicht. Wir beide werden versuchen es anders zu schaffen, auf unsere Art. Aber dazu musst du jetzt sehr stark sein und die Schmerzen noch etwas länger ertragen.« Ich wimmerte. »Ich werde alles tun, was in meiner Macht steht, Egon! Aber wenn bis übermorgen keine Besserung eingetreten ist, dann müssen wir diese letzte Maßnahme der Ärzte auch zulassen.« Mir wurde beider Vorstellung des langen Meißels, den der Arzt an meinem Schädel ansetzen wollte, wieder schlecht. »Versprichst du mir das? Dass du dann einsichtig bist?« Ich war starr vor Erschöpfung, aber nach einer Weile nickte ich mühsam. »Gut!« Annemarie erhob sich und begann den Ärzten ihr Vorhaben zu erklären. Diese wollten uns nicht wieder gehen lassen und bestanden lange auf dieser Operation, doch sie ließ nicht locker und schließlich blieb ihnen nichts anderes übrig, als ihre Entscheidung, mich wieder mitzunehmen, zu akzeptieren. Meine Stiefmutter schloss den Laden für drei ganze Tage, was in den letzten Jahren niemals, nicht einmal bei ihrer Hochzeit vorgekommen war. Sie pflegte mich ununterbrochen; nächtelang wärmte sie Leinsamsäckchen, kochte dünne Brühen und Kräuter, die sie extra für mich gesammelt hatte, ja schließlich wandte sie sich sogar, wie einst ihre Großmutter, an den Mond. Als sie dachte, ich schlafe, murmelte sie leise Zaubersprüche Richtung Himmel und verbrannte ein kleines undefinierbares Bündel, das stank. Ich fieberte, halluzinierte von Räumen, die bedrohlich wuchsen, immer größer und größer wurden, bis sie meine Augäpfel von innen zu zerquetschen und meinen Kopf explodieren zu lassen schienen. Ich schrie und weinte, krampfte und greinte wie ein Säugling, ohne es zu bemerken. Dunkle Ringe hatten sich unter Annemaries geröteten Augen gebildet, aber am dritten Tag sank das Fieber endlich und der Schmerz lockerte ein wenig seinen Klauengriff. Ich schlief kräftelos und wachte nur kurz auf, um etwas Tee oder Suppe eingeflößt zu bekommen. Man bangte um mein Gehör. Würde ich jemals wieder wie meine Klassenkameraden dem Lehrer folgen, wie die anderen Kinder der Musik der Leierkastenspieler lauschen können? Ja, ich hatte Glück – und eine hingebungsvolle Pflege, von Liebe und Fürsorge getragen, die mit meiner vollständigen Genesung belohnt wurde. Doch noch musste ich eine Zeit lang das Bett hüten. Ich langweilte mich trotz meiner spannenden Karl May Bücher fast zu Tode. Annemarie musste wieder arbeiten, es gab viel aufzuholen, vor allem musste Umsatz gemacht werden, was in Kriegszeiten ohnehin bereits schwer genug war. Ich lag über dem Zimmer, in dem die Näherinnen für den Laden arbeiteten, das helle Rattern der Nähmaschinen begleitete meinen Tagesablauf wie die Kirchenglocken. Früher hatten wir auch Heimarbeiterinnen beschäftigt, denen hatte ich manchmal Sachen in die engen, nach Kohl riechenden Wohnungen gebracht. Viele der Näherinnen hatten kleine Kinder oder waren so alt, das sie meine Urgroßmütter hätten sein können. Mit ihren gichtigen Fingern und gekrümmten Rücken nähten sie für unsere Kunden hübsche Hemden und Röcke. Doch im Moment hatten wir nicht genug Aufträge, geschweige denn genug Stoff.

Während die anderen Kinder ihre gebastelten Drachen steigen ließen oder mit selbstgebauten Flitzebögen im Park aufeinander schossen, lag ich im Haus fest. Es war zum Mäuse melken. Gott sei Dank hatte ich meine Freunde, die mich besuchten; vor allem Kalle kam oft, was ich anfangs noch seltsam fand, aber ich gewöhnte mich immer mehr an seine Art. Annemarie bestärkte ihn. Und bald war ich ohne Einschränkung dankbar für die unterhaltsamen Anekdoten aus der Schulen, vom Bolzplatz und so weiter, die er so anschaulich zum Besten gab …

Das meiste, was ich über Fußball wusste, hatte mir mein Vater erzählt. Mich beschlich das Gefühl, dass Kalle meinen Vater diesbezüglich um Längen voraus war; Kalle wusste einfach alles. Keine Frage blieb unbeantwortet. Mit ihm verging die Zeit wie im Flug und ich vergaß in seiner Gegenwart sogar meine noch dumpf nachklingenden Ohrenschmerzen. Ob

Ergebnisse, Spieler, Mannschaften, und natürlich die Hertha, egal, was ich wissen wollte, er war ein wandelndes Fußball-Lexikon. Inzwischen war er mir richtig ans Herz gewachsen, auch wenn ich ihn noch immer oft ärgerte. Das gehörte einfach dazu. Ich prüfte ihn auf Herz auf Nieren. Das gefiel ihm und weckte seinen Ehrgeiz. »Erster Berliner Fußballverein?«

»Dit is leicht«, sagte er überlegen lächelnd, »1885 Berliner Fußballclub Frankfurt.«

Ich staunte. »Echt?«

»Wenn ick es doch sage …« Nicht schlecht; das hätte wohl selbst mein Vater nicht in petto gehabt, obwohl – wer weiß …

»Und warum hieß der Frankfurt, wenn er in Berlin war?«

Er grübelte, sein Stirn zeigte eine steile Denkerfalte. Zum ersten Mal seit zwei Stunden sah ich Kalle ratlos dreinschauen. »Dit, also … hm …«

Ich ersparte ihm die Peinlichkeit und hakte nicht länger nach. Es wurmte ihn, dass er es nicht wusste, das war ihm deutlich anzusehen. Also wechselte ich das Thema. Wir redeten noch eine Weile über Sport im Allgemeinen. Sport war meine Leidenschaft, der Berliner Boxer Max Schmeling mein Idol – nun konnte ich ihm ein bisschen was erzählen. Er hörte interessiert zu. Dann kamen wir auf das Schwimmen. Auch ein feiner Sport. Ich berichtete ihm von einigen tollen Athleten. Viele kannte er ebenfalls. Sein großer Bruder schwärmte für diesen Sport, war selber ein vielversprechendes Talent gewesen. Letztendlich aber hatte es doch nicht gereicht und er hatte die Sportlerkarriere an den Nagel gehängt, um »etwas Anständiges« zu lernen. »Aber im Schwimmbad im Sommer jibt er immer noch jerne an, besonders wenn da ein flotter Fejer uffm Handtuch liegt«, grinste Kalle. »Wo wir jerade beim Thema sind. Hast du schonmal von Esther Williams jehört?«

»Nö, wer is denn dit?«, fragte ich mäßig interessiert.

Sein Gesicht nahm einen verträumten Ausdruck an. »Eene Wahnsinnssportlerin, ehemalige Rekordschwimmerin – und ein Mordsweib, sag ick dir. Die ›Badende Venus‹, dit is ein Film! Läuft hier aber natürlich nich ...«

»Aha. Klingt ja ... hm.«

»Warte bis du se siehst ...«

Ich schmollte mit einem Mal: »Sogar die kann schwimmen ... Een Jammer, ick kann immer noch nich ordentlich schwimmen. Ejgentlich eine Schande in meinem Alter«, schloss ich.

»Ach echt?«, fragte Kalle überrascht.

»Ja«, gab ich kleinlaut zu.

»Ick ooch nich«, rief er fast fröhlich.

»Na sowat ...«, brummte ich, »so ein Zufall.«

»Dit is doch toll.«

»Und wat jenau soll daran toll sein?«

»Dann können wir uns jemeinsam beim Schwimmverein anmelden und die Abzeichen machen.«

Wir kamen uns unweigerlich näher, und dann eines Abends erzählte er mir schweren Herzens von seiner Leidenschaft für Anita. Es war ganz gut gelaufen. Er habe sie zweimal nach Hause begleiten dürfen, aber nur unter einem Vorwand, berichtete er. Er habe sich kaum getraut, sie von der Seite anzuschauen, und später habe er sich geärgert, dass er es nicht getan hatte. Ja, dass er kaum gesprochen, nur doof genickt und auf den Boden gestarrt hatte. Dabei hätte er nichts lieber getan als sie anzulachen, mit lustigen Sprüchen zu unterhalten und langsam ihr Herz zu gewinnen. Er hatte seine Chance verstreichen lassen, bei Frauen wie Anita bekam man höchstens eine ... und nun war sie unerreichbar weit fort – in Brandenburg. Er hatte schon Zugverbindungen herausgesucht, fand aber nicht den Mut tatsächlich zu fahren. Außerdem hatte er keinerlei Adresse, nur die Stadt war ihm bekannt. Er war traurig und haderte mit dem Schicksal, versuchte aber sich abzulenken. »Andere Mütter haben ooch schöne Töchter«, tröstete ich. Doch das schien ihn nicht aufzuheitern. Meine Schilderung von Annemaries Geburtstagskuchen »Berliner Art« allerdings schon. Er musste nun doch lachen. »So ne Mutter hätte ick ooch jern, meine is nie da. Immer is sie einkaufen oder aus ...« Als er meinen skeptischen Blick sah, ahnte er meine Gedanken. »Du meinst, es jibt nüscht mehr zu kaufen. Ja, aber die hat ihre Quellen ...« Er schnaubte. »Ansonsten is sie bei irjendwelchen Freunden ...« Er verdrehte die Augen. »Wenigstens bringt se die nich mit nach Hause.« Karl-Heinz schien nicht viel Glück mit den Frauen in seinem Leben zu haben.

Ich wusste nicht, was ich sagen sollte. Also begann ich wieder über Fußball zu reden: »Ick will mal spielen wie ... Fritz Walter, der hat mit siebzehn schon für den FC Kaiserslautern spielen dürfen. Er hatte ne Sonderjenehmigung.«

»Ach ja, is aber 1940 einjezogen worden, trotz Auswahlspielerstatuts. Und Sepp Herberger hat alles versucht für seine Nationalspieler. Musste trotzdem in den Krieg, Scheiße is dit ...« Mir wurde mulmig. »Hm, war jar nich so viel älter als wir, als seine Einberufung kam«, sinnierte Kalle.

»Wir müssen einfach noch härter trainieren! Wenn wir so jut sind, dass sie es unmöjlich verantworten können, so ein großes Nachwuchstalent zu jefährden, denn ...«, ereiferte ich mich.

»Wat denn?«

»Also, wenn ick wieder jesund bin, werd ick noch mehr trainieren. Es jibt da einen, der könnte vielleicht helfen. Er is ein juter Kunde, Annemarie legt ihm wat zur Seite aus dem Laden. Der hat wat zu sagen im Fußball, hat mich zum Probetraining einjeladen, der weeß die Jugend zu schätzen. Und außerdem is der n hohes Tier inne Partei. Der entscheidet ooch mit, wer muss und wer nich muss, weil er hier unabkömmlich ist. Der könnte vielleicht wat drehen.«

Kalle schaute misstrauisch, dann entspannten sich seine Züge. »Meinste echt? Dit wär ja wat ...!« Ich schwieg und hoffte insgeheim, dass jener erst einmal etwas für meinen Vater tun konnte, doch die Chancen hierfür standen schlecht, das wusste ich. Wir redeten weiter über unsere erträumte Fußballkarriere. Das lenkte uns beide von trüben Gedanken ab. Wir vertieften uns ganz und gar in die fiktive Karriereplanung, in die Vorstellung unserer Teamkollegen, in unseren Trainingsplan, wir erstellten richtige Einheiten, die wir nach der Schule abzuarbeiten versuchen würden – gemeinsam – um so saugut zu werden, dass man einfach nicht auf uns verzichten könnte. Vorerst aber musste ich weiter das Bett hüten, um ganz gesund zu werden, bevor es losgehen konnte. Mir juckte es in den Zehen, ich wollte raus, ich wollte spielen. Kalle tröstete mich und stachelte mich gleichzeitig mit neuen Ideen ständig neu an. Er kam regelmäßig und versuchte mir die Zeit zu vertreiben, die klebrig wie Mehlsuppe zu sein schien. Ich hielt es in meinem Zimmer kaum noch aus. Ohne ihn wäre ich verrückt geworden.

Eines Nachmittages, draußen lockte strahlender Sonnenschein, doch er hockte bei mir im Zimmer statt zu kicken, schenkte er mir mein inzwischen letztes fehlendes – ein sehr seltenes – Fußballsammelbild. Zuerst wollte ich es nicht annehmen, doch er bestand darauf. Von da an war unsere Freundschaft besiegelt.

Endlich durfte ich wieder raus. Ich hatte mich während meiner Rekonvaleszenzzeit sogar auf die Schule gefreut, doch das war nur von kurzer Dauer. Eigentlich ging ich ja ganz gern in die Schule, nur einige Fächer fand ich zum Gähnen langweilig. Vor allem der Religionsunterricht – oder das, was davon übrig war – war mir ein Gräuel. Unsere Lehrerin, eine graugesichtige Altjungfer mit Eulenfrisur, aber beispielhaft »arischem Stammbaum«, gab es nicht auf, uns auch für den Glauben, der »Kraft fürs Vaterland« verleihe, begeistern zu wollen. Sie versuchte uns zu locken: »Gib ein bekanntes Bibelzitat mit deinen eigenen Worten wieder«, rief sie betont heiter und schritt die Reihen ab. Alle Rücken wurden krumm, im Bemühen sich so weit zu ducken, dass man möglichst optisch mit der Holzbank verschmolz. »Egon, du!«

Ich seufzte. Dann sprudelte ich heraus: »Kotze unter die Achseln schmieren.«

»Das ist kein ... schäm dich«, schimpfte die Lehrerin. »Was fällt dir ein!« Sie kam richtig in Rage. »Die heilige Schrift so zu verunglimpfen.«

»Wieso?«, fragte ich mit Unschuldsmiene und zitierte meinen Vater: »Kennt doch jeder. Es heeßt: Du sollst Brot brechen und unter den Armen verteilen ...!« Sie konnte nicht verhindern, dass die Klasse grölte. Den Rest der Stunde verbrachte ich wieder einmal in der Ecke stehend. Vor der Tür wäre mir lieber gewesen, denn dann hätte ich wenigstens auf dem Gang Murmeln spielen können, aber so wurde ich wenigstens nicht mehr aufgerufen.

Nach dem Klingelzeichen gingen wir nicht direkt nach Hause. Wir machten einen Abstecher zum Olympiastadion, im Westen der Stadt. Ehrfürchtig schauten wir den mächtigen runden Bau an und malten uns aus, wie es wohl wäre, dort drinnen, vor all den vielen Zuschauern zu spielen. Den Ball am Fuß über den Rasen zu fliegen, die Gegner hinter sich zu lassen und geradewegs das Ziel vor Augen aufs Tor zu zu schweben. Und augenblicklich hatte ich eine neue Motivation das Training fortzusetzen. Ich übte wie besessen. Zudem schaute ich jeden Tag zweimal in den Briefkasten, als würden die zwei ersehnten Briefe – einer von meinem Vater und einer, der zu dem erhofften Probetraining einlud – dann schneller kommen.

Kapitel 17

Die Ferien hatten begonnen. Kalle und ich versuchten uns abzulenken. Seine Mutter hatte einen neuen Mann, der meinem Kumpel »tierisch auf die Nüsse« ging, wie er mir tagtäglich versicherte: »Der will total einen auf Vater bei mir machen, dabei is er nich viel älter als ick«, beschwerte er sich. »Student«, frotzelte er, »der Philosophie ... sitzt den janzen Tag bei uns zu Hause rum und raucht die Zigaretten meiner Mutter.«

»Flitzpiepe«, entfuhr es mir.

»Ja, is echt blöd. Jetzt wird es immer schwieriger welche zu klauen, damit wir tauschen können.« Ab und zu tauschten wir die von Kalles Mutter gemopsten Zigaretten bei dem Großvater eines Klassenkameraden gegen nützliche Dinge wie Ballpumpen, Lederflicken und sehr gute selbstgebastelte Schienbeinschoner. Das wurde nun schwieriger. Wir verfluchten den »Schmarotzer-Liebhaber« mit den wilden Locken und sahen zu, dass wir anderweitig was verdienten. Die restliche Zeit nutzten wir für allerlei lustige und ertragreiche Beschäftigungen: in erster Linie Obst klauen und nach Geldstücken angeln, die durch die Gitterstäbe der Kellerfenster gefallen waren. Dazu benutzen wir einen Magneten oder ein Stück feuchte Seife ... Ansonsten verbrachten wir beinahe jede freie Minute auf dem Fußballfeld, schwitzten und übten, feilten an unserer Technik und studierten die Taktik anhand von Spielberichten. Am liebsten hätten wir ein Radio auf dem Platz aufgestellt und den ganzen Tag nur den

Sportkommentatoren gelauscht – stattdessen vernahmen wir nichts als Kriegsverlaufsmeldungen, wenn wir zu Hause den Apparat andrehten. Also spielten wir Angriffe und Spielzüge aus dem Gedächtnis nach oder bemühten unsere Fantasie.

Es gab allerdings etwas, für das wir beide sogar den Fußball links liegen ließen: Ausflüge und Baden gehen. Manchmal fuhren wir zum Spittelmarkt und lungerten am Neptunbrunnen herum oder wir nahmen die Straßenbahn Richtung Treptower Park; ab und zu spendierte Karl-Heinz' Mutter sogar eine Kahnpartie, auch wenn sie höllisch Angst um ihren Sohn hatte, weil dieser nicht richtig schwimmen konnte. Ich verzichtete darauf ihr zu beichten, dass es bei mir nicht besser aussah. Ich hatte in der Vergangenheit einige Male das Strandbad Wannsee – 1907 eröffnet und größtes Binnenseebad Europas – besucht. Es bot neben dem in der Sonne schmoren und sich in den Wellen erfrischen, noch weitere Genüsse der ganz besonderen Art, die nicht nur wir Lausbuben sehr zu schätzen wussten. Doch mit Kalle fuhr ich nicht zum Wannsee, sondern mit der Bahn zur Krummen Lanke, um zu baden und zu … schauen.

Im Schwimmbad liebten wir es den Mädchen nachzustellen. Allerdings waren wir noch viel zu schüchtern, und die Konkurrenz an älteren, stärkeren und attraktiveren Jungen – durch den Kriegsdienst zwar deutlich reduziert – immer noch zu groß, um die Sache offensiv anzugehen. So träumten wir von romantischen Begegnungen und schnappten die kargen Krümel der Aufregung und Befriedigung auf, wo wir sie erbeuten konnten. Wir drückten uns gern und oft an den Umkleidekabinen, die aus hölzernen kleinen Abteilen bestanden, herum. Dort hatten wir anderntags oder bereits andere vor uns – manchmal teilten wir uns sogar die »Röntgenaugen« – kleine Löcher in die Wände gebohrt, durch die man verbotenes Terrain sondieren konnte. Wichtig beim Bohren war das Maß, denn waren die Löcher nicht auf der richtigen Höhe angebracht, gab es nichts zu sehen. Also war darauf zu achten, sie dort zu platzieren, wo die meisten Frauen und Mädchen ihre interessantesten Körperpartien entblößten, um in die Badeanzüge zu steigen. Andererseits durfte vor allem der »Busengucker« auch nicht zu hoch sein, damit auch ich, noch kleiner als Kalle, dran kam, und außerdem sollte das Loch natürlich den darin Befindlichen nicht gleich »ins Auge springen«.

Die Gucklöcher mussten so platziert werden, dass man selbst nicht von außen gesehen wurde; da waren die Beäugten empfindlich ... Die Badenixen hatten Angst, dass man ihnen was wegguckte. Wurde man erwischt, gab das mächtig Ärger. Vor allem, wenn wir von einem Außenstehenden, vielleicht sogar vom Bademeister ertappt wurden. Darum mussten wir bei dieser kostenlosen, aber nicht ungefährlichen Art des Zeitvertreibs besondere Vorsicht walten lassen. Am schnellsten und effektivsten ließen sich die Löcher mit einem Handbohrer anbringen, angefangen hatten wir mit rostigen Nägeln, waren bald darauf auf Taschenmesserpulen umgestiegen. Doch die Bohrer waren am besten geeignet.

Die kostbaren Sehschlitze zu einer anderen aufregenden, uns noch verschlossenen Welt mussten sorgfältig getarnt werden. Kalle war Experte für das fachmännische Zukleben derselben. Mit Harz verschloss er die Löcher immer wieder, denn ab und zu gab es eine »Razzia«. Dann war alles verloren und die Arbeit von Tagen, manchmal Wochen an einem Abend zunichte gemacht. Der Bademeister ließ dann einen Gehilfen von innen mit der Taschenlampe leuchten und entdeckte draußen alle Schlitze und Bohrungen. Fluchend und heimlich grinsend kleisterte er dann alle im Schweiße unseres Angesichts und unter Aufbringung all unserer kriminellen Energie geschaffenen Löcher gnadenlos wieder zu. Da war es leichter, das selbst eingefügte Stückchen Harz mit Wolle beim nächsten Besuch selbst wieder herauszuziehen, um weiterhin in den Genuss des Körperschauspiels scheinbar unbeobachteter Nackter zu kommen. Manchmal gingen auch zwei Mädchen oder Frauen zusammen in eine Kabine – das war dann doppeltes Glück, sozusagen. Wir jubelten innerlich, wenn wir sahen, wie zwei weibliche Wesen kichernd im Inneren des Holzverschlages verschwanden. Dieser Augenblick war besonders vielversprechend und ließ unsere pubertierenden Jungenherzen vor lauter Vorfreude höher schlagen. Selbst wenn im Resultat dann letztendlich wenig zu sehen war. Denn in der Enge der Kabine konnten sich die beiden Frauen kaum bewegen und mussten sich ganz schön »verrenken«. Insofern war vor lauter undefinierbarer Haut, behaarten Partien und Kleidung meist kaum noch etwas zu erkennen – aber das heizte die Fantasie nur noch mehr an …

Kalle hatte mich zum Baden abgeholt. Zusammen waren wir mit der S-Bahn gefahren, wir hatten Glück, dass sie überhaupt fuhr. Es war erstaunlich voll gewesen. Viel mehr Menschen als wir für möglich gehalten hatten, wollten sich scheinbar ablenken und das schöne Wetter nutzen. Wir lümmelten auf den Handtüchern, die wir wie immer in unmittelbarer Nähe zu den Umkleidekabinen ausgebreitet hatten. Die Sonne hatte uns bereits etwas träge gemacht und gemeine Langeweile lauerte im Sand. »Komm, wir jehen ins Kino«, schlug ich vor. Das war unsere geheime Bezeichnung fürs Guckloch nutzen.

»Och nö, ick wollt jerade ein bisschen Aujenpflege betreiben«, gab Kalle müde zurück.

»Schlafen kannste noch, wenn du tot bist.« Ich rüttelte ihn unsanft am Arm. »Jetzt komm schon, da drüben kommen zwee Miezen. Dit lohnt sich, ehrlich!«

»Na jut, wenn du meinst.«

»Guck mal, die da – eene blond, eene dunkel, wie Schneeweißchen und Rosenrot.«

Tatsächlich näherten sich zwei appetitliche junge Frauen. Sofort war Kalle wach und auf den Beinen. Kaum waren die Mädchen hineingegangen, nahmen wir unsere Späherposten ein. Unruhig sahen wir uns um, dann wagten wir es einen Blick zu riskieren. Ich nutzte den Seitenschlitz, Kalle das Loch an der Rückwand. Viel rosige Haut war zu sehen. Finger huschten durch das Bild, dann wieder alles rosa. Ein paar schwarze Haare bildeten einen starken Kontrast. Viel zu erkennen war nicht. Aber wir übten uns in Geduld; der Schweiß lief uns den Rücken runter, hinten in die Badehosen hinein. Wenn wir nur nicht erwischt würden …! Beim Umdrehen entblößte eines der Mädchen einen ziemlich dicken Bauch, kurz darauf einen erstaunlich behaarten Rücken. Mannomann, dachte ich, von weitem sahen die aber besser aus. Oder hab ick nen Knick in der Optik? Nichtsdestotrotz stierte ich weiter durch meinen geheimen Beobachtungsschacht. Vielleicht wurde es jetzt wenigstens interessant. Eine Nase huschte am Sehschlitz vorbei, jemand bückte sich, aha.

»Jetzt ziehen sie die Röcke aus«, flüsterte ich Kalle zu. Das musste ich ihm nicht zweimal sagen. Wie eine Klette klebte dieser mit einem Auge an der Wand. Kalle konnte einen Arm sehen, ein Goldring an der dickfingrigen Hand.

»Nich jerade grazil«, raunte er, »aber na ja, wat solls – wohl auf die Entfernung jetäuscht. Andererseits interessieren mich die Extremitäten ooch am wenigsten«, gab er zu. Mist, ausgerechnet jetzt, der Bademeister drehte seine Runde, noch schaute er nicht zu uns rüber, aber bald würde er in unsere Richtung kommen. »Macht hinne!«, flüsterte Kalle den beiden Frauen tonlos zu. Und tatsächlich: dunkle dichte Locken, eine Sekunde eine Brustwarze, ich glaubte sogar für einen Moment eine Poritze erspäht zu haben. Mir wurde ganz komisch vor Aufregung. Soviel nacktes Fleisch. Dennoch ... irgend etwas war seltsam, obwohl ich nicht genau sagen konnte was – aber so richtig schön war das nicht. Es war ganz anders, als wir – nach dem ersten Eindruck beim verstohlenen Blick auf die beiden draußen – erwartet hatten. Die schrille Pfeife des Bademeisters riss uns aus unseren Gedanken. Erschrocken drehten wir die Köpfe, doch der sportliche Mann, der hier das Sagen hatte, meinte nicht uns, sondern ein paar Jungs, die einander zu wild im Wasser unterzutunken versuchten. Atemlos wagten wir noch einen letzten Blick:

stämmige Beine, ein dunkel gesäumter Bauchnabel – da hörten wir es hinter uns kichern. Die beiden hübschen Mädchen, die wir zu beobachten wähnten, standen hinter uns. Die Dunkelhaarige zeigte auf Kalle und flüsterte der Blonden etwas zu, woraufhin diese prompt losgackerte. Kalle und ich waren wie vom Blitz getroffen. Die beiden Schönheiten, in ihren eng anliegenden Badeanzügen kamen ihre Vorzüge noch viel besser zur Geltung als vollständig angezogen, lachten uns aus. Wie frech, und wie unangenehm! Aber vor allem ... und überhaupt und sowieso: Wenn die beiden Fräuleinchens, die wir heimlich zu betrachten glaubten, hinter uns standen, wen zum Teufel hatten wir dann gerade bespannert ...?! Doch bevor wir weiter rätseln konnten, ging die Klapptür auf und ein dicker, stark behaarter Mann trat vor uns heraus. Er schaute sich unsicher um, dann watschelte er davon. Die Mädels kicherten noch lauter, während Kalle und ich um die Wette tomatenfarben anliefen. Wir wussten nicht, wohin mit unseren Händen und wären am liebsten genau hier und jetzt im Erdboden versunken. Doch weder Loch, noch Sumpf, noch Erdspalte tat sich gnädigerweise vor uns auf. Und so mussten wir hängenden Hauptes an den lachenden Frauen vorbei zu unserem Platz schleichen, wo wir eilig unsere Sachen packten und nach Hause fuhren. Für heute hatten wir genug gesehen ...

Prompt trafen wir Franz und Heinrich am Bahnhof Weißensee. »Na Kolleschen, ihr seht nisch so erbaut aus, was is eusch denn über die Leber geloofen?« Ich winkte nur stumm ab. »Was denn?« Franz taxierte die Badematte, die aus der Tasche herausschaute, »Ah, habt ihr widder nem steilen Zahn beim Umziehen zugeglotzt?«, fragte er mit Verschwörermiene, doch ich schritt stoisch weiter.

Kalle legte ihm die Hand auf die Schulter. »Lass man jut sein. Wir waren heut nich so erfolgreich …«

Franz nickte. »Is nu aber keen Grund, alte Freunde wie Luft zu behandeln.«

»Kommt mal mit«, lenkte Heinrich nun ein, »ick lad euch uff ne Kippe ein; mein Onkel war da und hat mir paar Pelunken dagelassen. Dit vertreibt die schlechteste Laune, bin ja keen Unmensch«, brüstete er sich.

»Wo willste denn Zigaretten herholen?«, fragte ich.

»Dit lass ma meine Sorje sein.« Ich hatte wenig Lust, doch Kalle redete mir gut zu. Nach kurzem Zögern gingen wir also mit. Wir liefen und liefen. Bis wir an der Straßenbahnstation Weißensee ankamen, in der bereits seit Anfang des Jahrhunderts die Straßenbahnen im Depot auf ihren nächsten Einsatz warteten. Ein komischer Typ lungerte dort herum und pfiff durch die Zähne, als er uns näherkommen sah. Heinrich tat ungeheuer wichtig mit ihm und kurz darauf hatten wir alle einen Glimmstängel in der Hand. Ich hätte meinen lieber zum Tauschen eingesteckt, als ihn zu rauchen.

»Der riescht abor komisch«, warf Franz ein.

»Is halt ne Marke aus dem Ausland«, konstatierte Heinrich. Wir suchten uns ein Plätzchen im angrenzenden Waldstück, nuckelten und zogen verbissen an den »ausländischen Zigaretten«, die mehr und mehr verdächtig nach gewöhnlichem Gras und Sommerlaub schmeckten; und es wurde noch ein ziemlich vergnüglicher Abend, nachdem Franz uns doch noch die ganze schief gelaufene Spanner-Geschichte aus der Nase gezogen hatte …

Kalle war nun oft zu Besuch bei uns. Wir liebten es, uns gegenseitig vom Flur in den Laden, durch die Vordertür hinaus zu jagen und wieder zurück, was unser Nachbar allerdings gar nicht gern sah, und unser Toben nicht selten mit einem Katzenkopf quittierte – vorausgesetzt, er war schnell genug. Meistens entkamen wir seiner rauen Arbeiterhand. Eines Tages rannte ich beinahe eine Kundin im Laden um, das heißt, sie war so dick, dass ich sie unmöglich hätte zu Fall bringen können. Sie wäre einfach weitergekugelt. Kopflos raste ich in eine weiche Pufferzone aus Fett und Pelz. Annemarie entschuldigte sich lautstark bei der Kundin und schimpfte uns aus: »Ungezogene Bengel seid ihr! Ab, still in die Ecke gesetzt. Beide!« Sie deutete mit dem Finger an die Wand. »Aber vorher«, sie drehte den Kopf zu mir und sah mir wütend ins Gesicht, »entschuldigst du dich anständig bei Frau Kunze. Na los doch!«

Erschrocken registrierte ich den keinerlei Widerspruch duldenden Ton in ihrer Stimme und fügte mich sogleich mit hängendem Kopf.

Ich machte einen unbeholfenen Knicks vor der Dame und flüsterte eingeschüchtert: »Entschuldijen Se bitte!«

Die Dicke tätschelte meinen Kopf, lachte gut gelaunt über meinen ungelenken Diener und wandte sich wieder meiner Stiefmutter zu. Das war noch einmal gut gegangen, dachte ich, doch ich hielt sogleich inne: Mit dumpfem Entsetzen beobachtete ich, wie sie die weißen Glacéhandschuhe – die wie ein Relikt aus einer längst vergangenen Zeit eingestaubt an ihrem alten Platz hingen – forderte, sich genau ansah und dann einpacken ließ. Diese fremde Frau kaufte unsere Handschuhe, jene, die schon immer dort gehangen hatten. Die ich von meinem ersten Tag hier so liebte. Das Symbol der Schönheit und Reinheit: kostbar, unberührbar, unverrückbar. Das wunderbare Zeichen meines neuen Lebens. So lange diese Handschuhe dort lagen, würde alles gut werden; das war meine fantastische abergläubische Überzeugung. Einzig die wunderbare Annemarie hätte sie einmal tragen dürfen, aber sie dann wieder genau an diesen Platz hängen müssen. Und nun raubte diese dicke Frau Kunze dieses unersetzliche Kleinod. Das ging doch nicht! Ich konnte nicht an mich halten und sprang auf. Beim Hinausgehen stellte ich ihr instinktiv ein Bein und sie stürzte. Diesem Impuls nachzugeben, kostete mich einen versohlten Hintern und zwei Wochen Stubenarrest, in denen ich Kalle furchtbar vermisste. Die Handschuhe hatte die blöde Kundin trotzdem mitgenommen; ich konnte sie nicht retten. Der Zauber war gebrochen. Jeden Tag rechnete ich mit etwas Schrecklichem, wie der Nachricht von Vaters Tod. Oder mit Annemaries Weggehen. Ich wich kaum noch von ihrer Seite, was sie zunehmend gereizter werden ließ. Dies wertete ich als erste Vorboten des kommenden Verlustes. Ich klammerte noch mehr, versuchte mich in ihrer Nähe unsichtbar zu machen und sie nicht aus den Augen zu lassen. Langsam fühlte sie sich verfolgt.

Allmählich schien ihr aber zu dämmern, dass ich halb krank vor Angst war. Dieser dumme Aberglaube fraß mich auf. Doch ich konnte meine Furcht nicht verdrängen, trotz aller Ablenkung; zu oft schon hatte ich mich verlassen gefühlt. Ich wollte doch nur, dass das niemals wieder passiert. Ich wollte nie wieder allein zurückbleiben. Eines Abends setzte sie sich mit mir auf die noch von der untergehenden Sonne erleuchteten Stufen vor dem Laden und sah mir fest in die Augen. »Pass mal auf, ich gehe nicht weg.«

»Dit hat Papa auch jesagt«, entgegnete ich tonlos.

»Mich können die nicht einziehen.« Ich verschränkte die Finger so eng ineinander, dass die Knöchel weiß hervortraten. Annemarie umarmte mich kurz. »Versprochen! Aber du musst aufhören, mir in die Hacksen zu treten bei jedem Schritt, den ich tue, ja?! Ich fühle mich ja schon total verfolgt, werde bald paranoid. Du gehst kaum noch auf den Fußballplatz, schickst deine Freunde fort, dass keiner weiß, was los ist ... Besonders Kalle macht sich Sorgen, fragt mich immer, ob du krank bist, oder vielleicht sogar sauer auf ihn. Das geht so nicht weiter. Also, ich sage dir, dass Papa wiederkommt.« Sie sah mir geradewegs und fest in die Augen; und obgleich ich wusste, dass sie solch ein Versprechen unmöglich geben konnte, glaubte ich ihr in diesem Moment. Weil ich es wollte.

»Wieso biste so sicher?«, wollte ich wissen.

»Weil er es mir versprochen hat«, antwortete sie, als sei damit alles erklärt. Sie sah wohl den leisen Zweifel in meinen Augen, denn sie fügte wie eine Erklärung augenzwinkernd hinzu: »Glaub mir, ich habe das im Urin.« Ich nickte und klammerte mich an die Hoffnung. Außerdem wollte ich ihr nicht noch mehr Kummer machen, jetzt wo sie Strohwitwe war, allein für uns sorgen musste und das mit dem Laden immer schwieriger wurde. »Und noch was: Ich verspreche dir auch, dass ich nicht weggehe. Vergiss doch die blöden Handschuhe. Ist doch bloß ein Stück Stoff; du bist doch kein Baby mehr.« Sie drückte meine Hand. »Aber du musst mir auch was versprechen, ja? Und du versprichst mir, mich nicht mehr zu verfolgen, wieder normal zu spielen und deine Hausaufgaben zu machen. In Ordnung?« Ich schniefte verlegen vor Erleichterung. »Jut? Bist doch schon so ein großer Junge!«, neckte sie mich und zerzauste mir das Haar. Das machte mich nur noch verlegener. Nichtsdestotrotz klammerte ich mich an die Hoffnung, die sie mir geschenkt hatte und zu erneuern nicht müde wurde.

Kapitel 18

Kurioserweise gab es mit der zunehmenden Zerstörung eine weitere Entwicklung: Das Sammeln und Tauschen von Flaksplittern wurde auch bei uns immer beliebter. Sogar Kalle mischte kräftig mit; ich beschränkte mich jedoch nach wie vor auf Fußballutensilien. Beim Abwehrfeuer der Batterie fielen jede Menge kleine Granatsplitter hinunter, um die sich die Jungs manchmal regelrecht kloppten. Immerhin konnte ein richtig guter Splitter im Tausch einen Apfel oder sogar eines der erotischen Oben-Ohne-Bildchen einbringen, welche die Fotografen für die Frontsoldaten auf den Markt geworfen hatten. Auf Plakaten wurde auch verstärkt vor dem Herabfallen von Flaksplittern und zudem vor »Spionage durch den Feind« gewarnt.

Aber wir hatten andere Sorgen, die Front rückte näher: Im Herbst 1943 war es bereits im Rahmen des »Notdienstes« dazu gekommen, dass Schüler der mittleren und höheren Klassen als Flakhelfer eingezogen worden waren. So waren sie nun keine Pennäler mehr, sondern »Hilfskräfte in Flak-Einheiten zur Luftabwehr im Reichsgebiet«. Ihr Tun ermöglichte es, Flak-Soldaten an den Geschützen abzuziehen, die dann an die Front geschickt wurden. Ich bekam wieder Alpträume. Ich litt unter vielen Ängsten – rationalen und irrationalen. Natürlich fürchtete ich mich davor, doch noch Flakhelfer werden zu müssen und dabei wie so viele der Nachbarsjungen eine Hand, ein Bein oder sogar das Leben zu verlieren. Aber ich fürchtete mich auch davor, dass Annemarie plötzlich unheilbar krank würde, dass Hitler ein Gesetz verabschieden würde, das Fußballspielen verbietet und ... ich fürchtete mich vor dem stickigen, dunklen Dachboden mit all seinem Ungeziefer, seinem unheilvoll knarrenden Gebälk und den vielen Schmutzhaufen. Doch es half nichts: Ich musste hinauf zum Dachboden. Annemarie hatte mich geschickt, ein paar Kisten mit Verkaufsware von dort herunter zu holen. Die letzten vorerst; viele Regale waren schon lange leer. Kleidung musste genäht, Stoffe für Ärmel und Jackenteile genutzt werden. Die Leute kauften kaum noch Neues, wenn es etwas gab, sondern ließen ihre alten Sachen aufarbeiten, ausbessern und ändern. Ich hasste diesen Ort, fand es aber viel zu peinlich, dies einzugestehen, vor allem vor meiner Stiefmutter. Der Dachboden war mir zuwider, überall Spinnen und Mäuse, und wer weiß was sonst noch. Außerdem wurde es dort nie richtig hell, und ich fürchtete mich doch immer noch vor der Dunkelheit. Ich biss die Zähne zusammen und begann mit dem Aufstieg, wenigstens war es ein gutes Training für die Beine, stählte Waden- und Gesäßmuskulatur und würde somit meiner Schusskraft zugute kommen, versuchte ich mich zu trösten. Missmutig lief ich die ausgetretenen Stufen im dämmrigen Treppenhaus hinauf, vorbei an den alten und angelaufenen, aber hübsch geformten Messingklingeln neben den Wohnungstüren. Viele waren allerdings bereits abmontiert und beim Schrotthändler versetzt worden. Große längliche Knöpfe, auf die man hervorragend draufhauen und dann verschwinden konnte – das musste ich unbedingt Kalle später vorschlagen. Klingelstreiche waren immer noch sehr attraktiv für uns, auch wenn wir das Lausbubenalter laut Kalles Mutter schon hätten überschritten haben. Aber auf solche Sprüche pfiffen wir. Je höher ich ging, desto mehr verebbten der Straßenlärm und die Stimmen aus den einzelnen Wohnungen. Oben im Zwielicht, in dem der aufgewirbelte Staub um sich selbst tanzte, legte ich eine kurze Verschnaufpause ein; noch wagte ich mich nicht in den muffigen Raum, in dessen dunklen Ecken alles mögliche lauern konnte. Wer weiß, vielleicht versteckte sich dort ein tollwütiger Hund, oder noch schlimmer, ein Mörder wartete auf sein nächstes Opfer, das dumm genug sein würde, allein und unvorbereitet ins Dunkel zu treten. In den letzten Wochen hatten immer wieder schreckliche Sachen in den Zeitungen gestanden. Mir schnürte sich der Magen zu. Ängstlich legte ich die Hand auf die Klinge und atmete tief durch. »Jetzt sei jefälligst nich so ein Schisser, verdammt nochmal. In der Nationalelf wollen sie schließlich keenen Schlappschwanz; spielen dürfen nur die Besten. Bei so einem Endspiel, wo et um die Wurst jeht, muss man uff dem Platz vor allem eines beweisen: Nervenstärke. Also reiß dich zusammen!« Es war fast, als hörte ich meinen Vater. Entschlossen betrat ich die Dachkammer. Groß und langgezogen lag die Herausforderung vor mir. Verflixt, unter welcher der Schrägen lagen wohl die verfluchten Kartons? Man sah aber auch kaum die Hand vor Augen. Ich beugte mich tiefer und versuchte, flach in die Winkel hineinzuspähen. Ich stieß mit der Nase fast bis an die groben ausgetretenen Holzdielen, die den Fußboden bildeten, konnte aber trotzdem nichts erkennen. Ich stieß einen Fluch aus, vor allem um meine Furcht zu besiegen, bei dem Annemarie die Hände über dem Kopf zusammengeschlagen hätte. Ganz hinten – endlich – konnte ich einen Teil der Aufschrift entziffern, da waren die Kisten. Auf allen Vieren kroch ich mit klopfendem Herzen dorthin. Wenn ich jetzt angegriffen würde, könnte ich mich nicht einmal angemessen verteidigen, dennoch tat ich meine Pflicht und holte die Sachen. Ich kam mir sehr tapfer vor. In diesem Augenblick huschte etwas Schattenhaftes von der Wand hinter der Tür zum Fenster hinüber. Ich schrie auf, taumelte zurück. Ich war mir sicher, dass nun mein letztes Stündlein geschlagen hatte: Adé schöne Welt, adé Traum vom Profifußball, ich würde irgendeinem Wahnsinnigen zum Opfer fallen … Doch statt dem Tod blickte ich einem lang aufgeschossenen, sommersprossigen Jungen ins Gesicht. Es war Karl-Heinz. Vor Erleichterung, aber auch vor Scham begann ich zu stottern: »Wawat, machst du du denn hihier?!«

Kalle krümmte sich vor Lachen. »Mein Jott, tut mir leid, dit wollt ick nicht. Du bist ja bleich wie ne Winterleiche. Mensch, dit du dich so erschreckst, kann ja keener ahnen …« Noch immer lachte er aus vollem Halse.

»Ick habe fast nen Herzinfarkt bekommen«, antwortete ich böse, nun ohne zu stottern.

»Ja, dit habe ick jesehen, ha ha ha. Wie du jesprungen bist, mannomann. Reif für die olympischen Spiele. Weitspringen uff allen Vieren … hi hi, oder war et eher Hochspringen? Und ein Jesicht haste jemacht …« Ich drehte mich ruckartig von ihm ab, damit er meine Wuttränen nicht sah. Er hörte sofort auf. »He, war nich so jemeint. Ick wollt dich doch bloß überraschen.«

»Dit is dir jedenfalls jelungen«, murmelte ich so bitter wie ich konnte. »Wat machste eijentlich hier auf unserem Dachboden?«

»Deine patente Stiefmutter hat mir jesagt, dass du hier oben bist. Ick wollte gucken, ob du schon zurück bist.« Ich antwortete nicht. »Nu spiel nich die beleidigte Leberwurst, hier kannst auch was abhaben.« Es knisterte, ich konnte nicht widerstehen und schielte auf Kalles Hände. Seitdem die Lebensmittel knapper rationiert wurden, statt Lebensmittelkarten sprach Annemarie nur noch von »Hungermarken«, wurde es immer schwerer, meinen Magen vom Knurren abzuhalten. Ständig hatte ich Hunger; ich hatte mich schon ein bisschen daran gewöhnt und meist fand ich es einfach lästig, aber manchmal tat es auch richtig weh, oder hinderte mich an normalen Dingen wie dem Einschlafen oder mich auf den nächsten Freistoß zu konzentrieren. Kalle ließ mich großzügig von seinem zwei Tage altem Hasenbrot abbeißen. So alt würde das Brot bei mir gar nicht werden, ich hätte es schon dreimal gegessen. »Jar nich so übel hier oben«, sagte Kalle nach einer Weile kauend, während er sich umschaute. »Hier könnte man sich direkt ne ruhige Ecke einrichten. Viel Platz und keener stört.« Er schob den mit Sand gefüllten Löscheimer, der jetzt vorschriftsmäßig in jedem Haus zu stehen hatte, beiseite und inspizierte Dielen, Fensterbrett und Dachbalken.

»Außer die Ratten.«

»Ach die, die werden sich mehr vor uns fürchten als wir vor denen. Hab ick nich Recht?« Ich widersprach nicht, dachte mir aber meinen Teil. Kalle war Feuer und Flamme. »Echt, hier könnte man prima spielen und vor allem Jeheimverstecke einrichten. Hier findet uns keener.« Ich fand die Aussicht, Zeit auf dem dreckigen Dachboden zu verbringen, wenig erbaulich, andererseits waren Geheimnisse meine Schwäche. Und hier konnte man wirklich prima geheime Sitzungen abhalten, das stimmte. »Lass uns morjen ma ein paar Decken und wat zu futtern hier herauf schmuggeln, ok? Und Licht, Licht brauchen wir ooch, eine Kerze müsste reichen. Dann bring ick mein Album mit und du deins und wir gucken uns hier oben die Bilder an.«

»Na jut. Ick besorg die Kerze und Streichhölzer.« Versöhnt stiegen wir beide mit den Kartons beladen wieder hinunter in die Erwachsenenwelt, wo Annemarie schon ungeduldig auf die Sachen wartete, schließlich war jetzt fast alles Mangelware.

Am nächsten Tag richteten wir uns häuslich ein, es machte mehr Spaß als ich angenommen hatte. Ich fand es schon bald urgemütlich mit Kalle auf dem Dachboden zu hocken. Darum nahm ich ihm auch seine Streiche nicht übel, die er einfach nicht lassen konnte. Kalle liebte es mich zu erschrecken: Immer wieder versteckte er sich hinter Büschen und Bäumen, in der Flurnische oder hinter der Tür, um dann schrill schreiend oder gespenstisch brüllend hervorzuspringen. Er konnte sich kringelig lachen über mein Erschrecken. »Wie een verschrecktes Kaninchen«, grinste er. Ich fand das wenig amüsant; peinlich genug in diesem Alter noch Angst zu haben, doch auch noch ständig daran erinnert zu werden, war fast so schlimm wie der Schreck selbst … Aber sobald wir oben zusammensaßen, war alles vergessen. Er hatte mir ja auch einiges heimzuzahlen, da musste ich schon mal was einstecken ... Wir hatten uns sogar einen geheimen Erkennungspfiff ausgedacht. Nach der Schule oder dem Bolzen pfiff einer zweimal lang, zweimal kurz und der andere wusste: so schnell wie möglich auf dem Dachboden treffen.

Unter dem Dach hatten wir unser Refugium errichtet. Hierher kamen wir, wenn uns niemand stören sollte. In den dunklen Ecken des geheimnisvollen Ortes suchten wir nach Schätzen und fanden doch nur Mäuseköttel und verstaubte Illusionen. Hier versteckten wir uns erfolgreich, wenn uns die Welt da draußen zu viel, zu verwirrend und zu bedrohlich wurde, aber auch wenn wir Zucker oder Gurken aus dem Einmachglas geklaut hatten, um sie jenseits von Gewissensbissen mit dem Stolz des Erbeuters zu genießen. Dort oben wurden wir wieder zu kleinen Jungs ... Wir fochten so manchen Kampf aus: auf hoher See mit Gardinenstangen als Säbel gegen Piraten und Meerungeheuer, in tiefen Kerkern gegen Frankenstein und Dracula, auf weiten Prärien gegen Skalps sammelnde Indianer.

Wir konnten aber auch mucksmäuschenstill sein. Um keinen Preis der Welt wollten wir unseren geheimen Ort preisgeben. Sobald wir jemanden die Stiege hinaufkommen hörten, huschten wir hinter den losen Haufen aus Brettern und Lumpen und wurden unsichtbar. Vollkommen stumm und reglos sahen wir mit an, wie Frau Grunwald aus der ersten Etage ein kleines gutverschnürtes Bündel unter einer defekten Diele versteckte, wie die junge Frau Sonnenfeld Herrn Grunwald direkt über dem gleichen Dielenbrett ihr neues Höschen zeigen wollte, wie sie sagte. Doch trug sie unter ihrem langen Rock gar keins, wie wir hinter einem Stapel Kartons durch einen Spalt staunend beobachten konnten. Herr Grunwald schien auch sehr betrübt, denn er stöhnte kurz darauf mehrmals enttäuscht auf und schien Frau Sonnenfeld vor Gram mit ein paar kräftigen Stößen von seinem Schoß schütteln zu wollen. Uns wurde ganz heiß vor Scham, das war etwas anderes, als Mädchen beim Umziehen zuzuschauen. »Dit war Ehebruch!«, stellte Kalle geradezu euphorisch fest, als die beiden, sich eilig voneinander verabschiedend, wieder nach unten geeilt waren. Er strahlte. Ich fand das blöd. »Jetzt könnten wir se erpressen«, jubilierte er. Doch ich winkte ab. Das war zu viel für meine Nerven.

Kapitel 19

Die Verpflegung wurde schlechter, die Klamotten, selbst die Schulbücher wurden knapp, ja – eigentlich war kaum noch etwas des alltäglichen Bedarfes ausreichend und auf dem üblichen Wege zu bekommen. Die Erwachsenen stöhnten, seufzten oder schwangen große Reden, alle redeten nur noch vom Krieg. Die großen Jungs waren vom Fußballplatz verschwunden, die meisten waren eingezogen worden und mussten nun, »drei Stoppeln am Kinn, aber ein Gewehr im Arm statt nem Liebchen«, schimpfte der alte Schmidt immer und würde dafür noch einmal »weggefangen«, wie Annemarie immer prophezeite, »fürs Vaterland« kämpfen, ob sie wollten oder nicht. Sogar einige Mitschüler, anfangs waren nur die unglückseligen Freiwilligen verpflichtet und aus ihren Klassen entfernt worden; nun aber klafften immer größere Lücken. Kalle hatte als Sitzenbleiber, der ein Jahr älter als wir war, besonders große Angst, »jemanden totschießen zu müssen«, vor allem aber hatte er Angst selbst getötet zu werden, aber das sagte er niemandem, nicht einmal mir. Ich wusste es trotzdem. Jedes Mal, wenn unser Pauker wieder einmal davon schwärmte, welche Ehre es doch sei, als so junger Mensch seiner Pflicht an der Waffe nachkommen zu dürfen, schaute er stur aus dem Fenster und tat, als würde ihn das alles nichts angehen. Erst in der Pause schimpfte er dann wie ein Rohrspatz: »Soll der sich doch freiwillig melden, wenn dit so grandios is; aber nüscht, im Jejenteil, der versteckt sich schön hinter seinem angeblichen Rheuma und erzählt uns wat von Aufopferung und Heldentum. Oller Wasserprediger mit Weinvorliebe.« Er spuckte aus. Mir war nicht ganz geheuer, wenn er so über eine Lehrkraft, und dann eine in Parteikreisen auch noch so hoch angesehene, sprach.

»Mensch, halt bloß die Gusche«, mahnte ich, »du redest dich noch um Kopf und Kragen …«

»Na und, wat dann?«, erwiderte er trotzig. »Irjendwann holen die mich eh, dann rede ick wenigstens solange ick noch kann. Nüscht darf man mehr sagen, nich mal denken darf man mehr.«

Ich ließ traurig den Kopf hängen als ich daran dachte, dass er ja Recht hatte. Vor allem den Gedanken, dass er tatsächlich noch zum Dienst an der Waffe eingezogen würde, womöglich ich sogar mit ihm, machte mir zu schaffen. Meine Schlafstörungen kamen wieder, schlimmer denn je. Oft war ich tagsüber so müde, dass ich beim Spielen einfach auf dem Boden einschlief oder auf dem Fußballplatz an den Torpfosten gelehnt, wegdöste.

Wir saßen immer häufiger zusammen auf dem Dachboden. Oft redeten wir einfach nur. Nicht nur über Fußball. Zum ersten Mal erfuhr ich etwas mehr über Kalles Familie: Seine Mutter und sein Vater, er war ein wohlhabender Zuckerfabrikant, hatten sich getrennt, kurz danach musste der Vater an die Front. Kalles ältere Geschwister, erzählte er mir, waren in Potsdam geblieben, sie gingen bereits arbeiten. Die Schwester hatte gerade in der väterlichen Fabrik als Sekretärin angefangen, der Bruder machte eine Lehre zum kaufmännischen Angestellten. Sie brachen morgens früh zur Arbeit auf, kamen abends spät heim, aßen und wuschen sich und verschwanden dann im Wohnzimmer, um »Erwachsenendinge« zu tun, was ich mir furchtbar aufregend vorstellte. Doch Kalle klärte mich auf: Den ganzen Abend hockten sie auf der Couch oder ihrem Bett, rauchten, lasen, redeten oder schrieben Briefe. Wir sahen sie selten. Angeblich vermisste er sie nicht sonderlich.

»Und dein Vater, hörste von ihm?«

»Ja, hin und wieder«, antwortete er knapp.

Ich seufzte. »Ick wünschte, ick würde ooch endlich eine Antwort bekommen. Nur einen einzijen Brief, dass es ihm jut jeht ...«

»Wer weiß, wo er ist ...« sinnierte Kalle.

Ja, eben ... dachte ich traurig.

Zusammen mit meinem besten Freund machte mir die Dunkelheit auf dem Dachboden nicht viel aus, doch allein in meinem Zimmer war sie für mich immer noch ein Problem. Immer wieder formten sich die Schatten an der Wand zu fiesen Klauen und monströsen Fingern, die nach mir griffen.

Und das vor allem, nachdem mein Vater mir früher immer erklärt hatte, ich dürfe den Arm nicht aus dem Bett hängen lassen, »sonst fressen ihn die Echsen ... Sieh mal, dort oben – guck – an der Decke huschen die Eidechsen!«

Seitdem sich die fiesen Schatten in meinen Kopf gefressen hatten, war ich tunlichst darauf bedacht, sämtliche Gliedmaßen unter der Bettdecke gut und sicher verstaut zu haben, denn meine größte Angst war, dass mir der Arm im Schlaf, wenn ich es nicht kontrollieren konnte, herausfiel. Einige Nächte konnte ich aus dieser

Furcht heraus kaum schlafen. Jeden Abend hatte mich mein Vater beim Lichtlöschen mit seinem schrecklichen Locken geneckt: »Eidechschen, komm mal runter!« Nun wünschte ich trotz meiner Angst, er würde es wieder tun, was gäbe ich darum ...?! Warum nur musste der Krieg einem alle Lieben nehmen?

Kapitel 20

Trotz meines Älterwerdens hielt ich an einigen Spielgewohnheiten aus den letzten Jahren fest: Mein Vater hatte mir einen schönen Satz Bleisoldaten geschenkt. Noch immer stellte ich sie gern auf; malte mir nun aus, wie sie die Reihen meines Vaters vor dem Feind verteidigen würden. Nur zu gern hätte ich sie einmal mit auf den Dachboden genommen und Kalle gezeigt, doch das wagte ich nicht. Eines Tages aber überraschte er mich in der Wohnung beim Spielen. »Babykram«, würde er mäkeln, so hatte ich erwartet. Und nicht, dass er sich mit dem an den Ecken abgewetzten Karton auf dem Fußboden niederlassen und in aller Ruhe eine Gefechtsstation aufbauen würde. Doch meine Verwunderung währte nicht lange. Schon lag ich bäuchlings neben ihm und half beim Platzieren der Soldaten. Ich schaute genau zu, wie er die Figuren stellte, mit welcher Sorgfalt er die Reihen ordnete. Dann setzte er sich abrupt auf, und ich dachte schon, das Spiel sei ihm nun doch zu langweilig geworden. Fieberhaft überlegte ich, wie ich ihn noch eine Weile in unserer Wohnung, mit welchen Dingen ich ihn weiterhin fesseln konnte. Er sah mich an: »Habt ihr Erbsen?« Ich muss ihn sehr verständnislos angesehen haben, denn er fügte geduldig hinzu: »Janz normale Erbsen.«

Meine Gedanken rasten. Hatte Kalle Hunger? Oder wollte er mich auf den Arm nehmen? Mich testen? Ich überlegte kurz.

»Jekocht?«, fragte ich verdutzt.

Wieder lachte er sein herrlich glucksendes Lachen.

»Nee, uff keenen Fall. Denn matscht es so an die Tischbeene.«

Ich spürte, wie ein Lächeln von meinem Gesicht Besitz ergriff. Wir stürmten zu Annemarie in den Laden und baten sie mit einer ihr Misstrauen weckenden Leidenschaft um Erbsen.

»Was habt ihr denn damit vor?«, wollte sie wissen.

Ich blickte zu Kalle hinüber, doch der tat, als hätte er nichts gehört.

»Jeheimnis«, erklärte ich mit bettelnden Augen.

Keine zwei Minuten später schon standen wir in der schmalen Wohnküche. Annemarie langte auf das Regal und holte ein Einweckglas herunter, in dem Hunderte harter kleiner Erbsen schliefen.

Sie holte mit den bloßen Fingern eine Hand voll heraus; doch bevor sie sie mir in die zur Schale geformten Hände kullern ließ, sah sie mich eindringlich an.

»Aber keinen Unfug damit anstellen. – Nicht in die Nase stecken, hörst du!« Die ersten Erbsen wanderten bereits von ihrer in meine Hand.

»Und auch nicht woanders hin …«, fügte sie nachdenklich und ein wenig misstrauisch angesichts meiner bereits vielfach bewiesenen Fantasie hinzu.

Ich nickte eifrig. In diesem Moment hätte ich ihr sogar versprochen, niemals wieder Schokoladenpudding zu essen, so sehr wollte ich Kalles Wunsch erfüllen und ihm gefallen. Rotwangig und schwitzend vor Eifer breitete ich ehrerbietig die erbeuteten Erbsen vor ihm aus, wie auf einem Altar.

Er war begeistert und weihte mich sogleich ein. Kalle hatte nicht zu viel versprochen: Die Erbsen gaben erstklassige Geschosse ab. Kein Bleisoldat, und war er auch noch so tapfer, konnte ihnen auf Dauer die Stirn bieten. Von einer ganzen Salve stahlharter Erbsen getroffen, sank schließlich auch der letzte feindliche Soldat um. Ich jubelte; so ein feines Spiel! Wer hätte gedacht, welche wichtige Rolle Erbsen in unserem Fall für die strategische Kriegsführung spielen würden.

Von da an hielt ich immer ein Säckchen möglichst großer trockender Erbsen bereit. Ich lagerte die tödlichen Geschosse direkt neben den schweren Bleisoldaten. Oft hatten sich welche unter das Sofa oder den Tisch geflüchtet und kamen zu den unmöglichsten Zeiten wieder ans Tageslicht, was Annemarie jedes Mal die Zornesröte ins Gesicht treten ließ.

»Menschenskinder noch mal! Schon wieder solche Miststücke. Irgendwann brechen wir uns noch die Beine!«, schimpfte sie, doch ich wusste, dass sie nicht wirklich böse war.

Um den Reiz der Schlachten zu erhöhen, planten wir aufzurüsten. Wir wollten PAKs, Panzerabwehrkanonen, später sogar Flaks, Flugabwehrkanonen und sogenannte Stukas bauen.

Doch als wir weiter darüber nachdachten, verging uns die Lust. »Meinst du, der Franz hat Recht?«, fragte Kalle plötzlich.

»Damit, dass sein Bruder meint, wir beeden Jungs werden schon ooch noch einjezogen?«

»Ja.«

»Ick weeß nich«, gab ich zu. Ich konnte es mir einfach nicht vorstellen; uns würden doch nicht einmal die Uniformen passen! Wie sollten wir denn kiloschwere

Ausrüstung und Waffen tragen? Wir schwiegen eine Weile, kauten auf unseren Zahnstochern herum.

»Wir müssen doch nich wirklich in den Krieg?«, setzte Kalle noch einmal an.

»Na ja. Der Kunze in der Schule sagt ja, vielleicht haben ooch wir noch ›die Ehre‹ ...«

»Denn rück ick aus«, rief Kalle verzweifelt. Ich tat als hätte ich nichts gehört. Solche wurden als Feiglinge und Verräter gesehen, und Karl-Heinz war doch alles andere als feige ...!

Mein Vater kam. Ganz überraschend stand er eines Tages vor der Tür. Ich hatte ihn fast nicht erkannt.

Er schlich umher wie ein Gespenst, aß nicht wirklich, redete kaum, schien ein bisschen grau und irgendwie unsichtbar, als wäre er nur halb zurückgekommen und der Rest seines Körpers war noch an der Front. Als ich ihn einmal verlegen darauf ansprach, entschuldigte er sich zu meiner Überraschung bei mir und sagte ernst: »Zwei Kriege sind zu viel. Beim ersten war ick einer der Jüngsten, bei diesem einer der Ältesten. Dit hält der stärkste Mann nich aus.« Ich machte mir nun noch mehr Sorgen um ihn und vermisste seine Neckereien doppelt schmerzlich. Zum Beispiel wenn er mich in der Küche vor der Waschschüssel angetroffen und gewitzelt hatte: »Ach, der Bengel hat so große schwarze Augen ... und ebensolche Füße.« Wenn er Menschen verhohnepiepelte, die zu allen Anlässen Sprichwörter und Redewendungen benutzten. So wie einmal bei Onkel Männe, der mich zurechtgewiesen hatte, als ich auf der Schlafcouch sitzend mit dem Kuchen herum gekrümelt hatte: »Wer nie sein Brot im Bette aß, weeß nich wie Krümel pieken«, hatte er vorwurfsvoll gesagt. Woraufhin mein Vater mit strengen Gesicht und sehr ernster Miene erwidert hatte: »Jenau! Und: Wer nie ein Schwein jeknutscht zum Spaß, weeß nich wie Ferkel quieken.« Onkel Männe meckerte nie wieder mit mir. Wenn es einen Todesfall gab, lockerte mein Vater die Situation mit dem immergleichen Spruch auf, indem er erklärte, er wolle nach seinem Tod verbrannt werden: »Noch einmal richtig schön warme Füße kriejen ...« Angesichts der aktuellen Lage konnte ich selbst in der Erinnerung nicht mehr über seinen Scherz lachen. Es waren einige traurige Tage, obwohl ich mich doch so auf seine Rückkehr gefreut hatte. Aber die Stimmung blieb gedrückt, und ich musste jede Minute daran denken, dass er schon bald wieder fahren musste. Und zwar dieses Mal womöglich für immer.

Auch die Lage meines Freundes beschäftigte mich: Nun kannte ich Kalles Geheimnis. Er würde lieber weglaufen, als dem Dienst an der Waffe nachzukommen. Anders als viele Jungen in seinem Alter, die sich das »Dienen« als heldenhaft und ruhmreich, ja, als harmlos wie eine Runde Cowboy-und-Indianer-Spielen vorstellten, sah er das alles weitaus realistischer und zog – zumindest im Kopf – seine Konsequenzen: »Bevor ich totjeschossen werde oder jemanden totschießen muss, türme ick, ejal wohin ...«

»Aber wenn et so is, dann dann ... die werden dich holen und zwingen mitzujehen.« Ich heulte fast bei dem Gedanken. »Es sei denn ...« Er schaute resigniert. »Es sei denn ...« wiederholte ich, »du hast ne Pistole, mit der du dich vor denen verteidijen kannst, bis du außer Reichweite bist.«

Er guckte. »Ja klar, damit hätte ick vielleicht ne Chance, aber woher soll ick die kriejen? Klauen?«

»Nich klauen, aber borjen ...«, antwortete ich leise. »Ick hab nämlich auch ein Jeheimnis. Komm mit.«

Ich wusste, wo mein Vater die Pistole versteckt hatte. Er selbst hatte sie mir bei seinem außerordentlichen kurzen Heimataufenthalt gezeigt. Er hatte sehr verändert gewirkt und wollte partout nichts erzählen. Aber er hatte Zeit mit mir verbracht, hatte mich mit zum Sekretär genommen und ein verstecktes Schubladenfach geöffnet. Glänzend hatte die Pistole in seiner Hand gelegen, und beinahe wehmütig hatte er sie betrachtet. Ich hatte sie anfassen und in die Hand nehmen dürfen. Sie war schwer gewesen.

»Woher is die denn?«, hatte ich ehrfürchtig gefragt.

»Noch aus dem Ersten Weltkrieg«, hatte er nachdenklich geantwortet.

»Und warum hast du die hier?«, hatte ich mit geröteten Wangen damals wissen wollen, während ich auf den Kuckuck, der aus der Uhr schnellte, um die Mittagsstunde auszurufen, zu zielen versuchte.

»Willst du jemanden erschießen?«

Mein Vater sah mich einen Moment an, dann antwortete er ruhig: »Nein, nich, wenn es nich sein muss.«

»Ick würde jern mal schießen«, sagte ich leise.

»Nein, die Pistole is nur zum Schutz da. Für den äußersten Notfall.« Schon nahm er sie mir wieder aus den Händen und legte sie behutsam wieder in die Schublade. Ich sah ihn fragend an.

»Wenn jemand den Laden überfallen will? Räuber?«

»Ja, so ähnlich«, räumte er ein. »Falls die Russen kommen.«

Ich sah verständnislos zu, wie er konzentriert die Schublade, in der die Schutzwaffe lag, verschloss.

»Wieso?«

Er zögerte, steckte den kleinen Metallschlüssel in die Innentasche seiner Jacke. Sein Blick schweifte aus dem Fenster des hinteren Raumes, den wir als Wohnzimmer nutzten. Seine Hand lag angespannt auf der Platte des hölzernen Sekretärs.

»Na ja, die stehen schon ziemlich nah. Und, wenn die es hierher schaffen und sehen, dass ick Uniformen und Parteizeuch verkoofe, würden die es … nich verstehen. Und dann, bevor sie mich … würde ich ihnen zuvorkommen.« Sein Kopf fuhr herum. »Und vielleicht wäre dit für euch ooch dit Beste …« Er schüttelte traurig den Kopf, »ick weeß ja ooch nich …« Ich stellte mich stur, hatte ihn nicht recht verstanden oder verstehen wollen.

Ich war sitzen geblieben und wurde später Zeuge, wie er den Schlüssel in einem unbeobachtet geglaubten Moment auf einen Nagel hinter der Wanduhr verbarg. Er hatte mich niemals damit schießen lassen, nicht einmal Ratten oder Kaninchen im Wald. »Nur für den allerärgsten Notfall!« waren seine ernsten Worte gewesen. Dabei sah er sehr deprimiert und plötzlich zum ersten Mal in meinen Augen alt aus. Dieser Anblick war schrecklicher als der, den er abgab, als er wieder losmarschierte, um weiter schießen zu müssen und Schüssen auszuweichen.

Jetzt zeigte ich meinem besten Freund das geheime Versteck, wahrscheinlich wusste nicht einmal Annemarie davon, denn mein Vater hatte mich gebeten, ihr nichts davon zu verraten. Nun fingerten Kalle und ich nervös an der Knarre rum. »Meinst du, damit wurde schon jemand erschossen?«

»Ick weiß es nich.« Zudem hatte ich keine Ahnung, was ich darüber denken sollte. Sie war faszinierend und beängstigend zugleich.

Kalle schwenkte sie hin und her. »Ja, damit kann mir keener wat«, sagte er. Da war ich mir nicht so sicher. »Und hier«, er schüttelte den knittrigen Karton, »Munition is ooch da. Tja, da müssen sie mich wohl holen kommen.« Er bekam einen dunklen Blick und seine Augen verengten sich zu schmalen Schlitzen. So kannte ich ihn nur vom Platz, kurz vor einem gezielten Schuss. Ich wollte die Pistole schnell wieder wegschließen. Aber er wollte sie gar nicht mehr aus der Hand legen. Beim Wegpacken achtete ich darauf, dass er nicht sah, wo ich den Schlüssel zur Schublade versteckte.

Beim Abendbrot hatte ich trotz meines Dauerhungers keinen rechten Appetit, ich schluckte mehr als ich kaute oder gar etwas schmeckte: Ich kam mir schäbig vor, sowohl meinem Vater als auch Kalle gegenüber, ja sogar meiner Stiefmutter gegenüber hatte ich ein schlechtes Gewissen. Ich wünschte, ich hätte die Waffe nie in unserer Wohnung gesehen.

Je schlechter die Verhältnisse wurden, desto stärker zogen wir uns zurück: Wir flüchteten uns in unseren Fußballtraum, studierten Ergebnisse und alte Spielberichte, trainierten gemeinsam; unsere Konsequenz wurde belohnt, wir wurden immer besser … Ab und zu durften wir nun auch bei den Großen – viele waren nicht mehr übrig – mitspielen. Dass wir die Auserwählten waren, brachte uns sowohl anerkennende als auch neidische Blicke ein: »Sind ja schon fast verheiratet, die beeden«, monierte sogar Heinrich.

Und Fritz höhnte: »Egon und der feine Pinkel. Bestimmt darf er ooch seine schicken Sportschuhe anziehen und ihm die Schnürsenkel zubinden.«

»Wahrscheinlich ooch den Arsch abwischen ...«, ergänzte Franz.

Manchmal konnten sie richtig gemein werden. Aber das störte mich erstaunlich wenig. Ich war nahe daran Glück zu empfinden, wenn ich mich mit Kalle so komplett zurückziehen konnte. Wir hatten ein Ziel, für das sich die Anstrengung lohnte: gemeinsam für »unsere Hertha« zu spielen, alles andere versuchten wir auszublenden.

Doch alles konnte man nicht verdrängen. Wir hatten auch eine Verantwortung. Jede Woche machten wir Abstecher zu den erfolgsversprechendsten Stellen: dem Gemischtwarenladen, dem Park – dort, wo »der Taubenschreck« wieder Jagd auf die Viecher machte, um sie, genau wie Ratten zu essen, hieß es – und den frisch eingestürzten Wohnblocks, was enorm gefährlich war, denn manchmal brachen die nur noch aus Stützmauern und Zwischendecken bestehenden Häuser in sich zusammen. Als wir wieder bei einem solchen ankamen, wühlten bereits mehrere Gestalten in den Trümmern. Umgestürztes Mobiliar, gesplitterte Geländer und rostige Metallteile versperrten uns den Weg. Wir ließen die anderen Plünderer links liegen und machten uns auf den Weg in den Keller. Dorthin, wo erfahrungsgemäß am meisten zu holen war. Zumindest, was Esswaren betraf; an anderen Sachen hatten wir kein Interesse. Wir machten uns lediglich des Mundraubes schuldig, redete ich mir ein, und außerdem gehörte es ja sowieso quasi niemandem mehr. Es würde nur verkommen, wenn sich keiner fand, der es verbrauchte. Und außerdem ... war es ja nicht nur für uns.

Heinrich und seine große Familie aßen an manchen Tagen gar nichts, vor allem seitdem seine Mutter das Bett nicht mehr verlassen konnte und sein Vater das letzte bisschen Geld vertrank. Seine Frau hatte das letzte Kind im siebten Monat verloren; sie war fast daran gestorben, weil der tote Leib des Ungeborenen ihren eigenen Körper vergiftetet hatte. Neben dem Schmerz und der Trauer, die auch alle acht Geschwister erfasste, war die Sorge um das Überleben der Mutter hinzugekommen. Ihre Gesundheit und ihr Gemüt waren noch Monate nach der Tragödie angegriffen. Ihre zahlreichen täglichen Aufgaben im Haushalt und der Kinderpflege und -betreuung hatten die großen Kinder übernehmen müssen, denn der Vater litt so sehr, dass er zusammenbrach, und sich von da an tagein, tagaus nur noch betrank. Er wusch sich nicht, er aß nicht, er ging nicht zu seiner heiß begehrten, weil unabkömmlichen Arbeit in die Rüstungsfabrik zurück. Darum war Heinrich nur noch unregelmäßig zum Unterricht erschienen. Wenn sein Magen wieder mal so laut knurrte, dass es den Unterricht zu stören begann, frotzelte er nur: »Hunger nervt. Hörste ja!« Auf kleinen Zettelchen malten wir dann unsere Leibgerichte auf. Heinrich hatte einen riesigen Berg Blutwurst mit Grünkohl und Kartoffeln gezeichnet. Darunter stand: »Grünkohl ohne Schmalz is wie ...« Er ließ den Zettel zu mir weiterwandern. »... schlafen ohne Decke«, vollendete ich den Satz. Ich schob den Zettel weiter, weil ich nicht gern Bilder kritzelte; kein Mensch erkannte meine Zeichnungen, das fand ich frustrierend. Mein vorderer Sitznachbar gab mir den Zettel unter den Blicken unserer Lehrerin unauffällig zurück. Heinrich hatte meinen Halbsatz gestrichen und durch »... küssen ohne Zunge« ersetzt. Er hatte von uns unbestritten am meisten Erfahrung mit Mädchen und hatte uns staunenden Zuhörern so manche anrüchige Geschichte erzählt. Dass die alle von vorn bis hinten stimmten, bezweifelte ich, aber unterhaltsam waren sie allemal. Und man lernte auch noch was dabei, fürs Leben sozusagen. Ich prustete leise, als ich seinen Kommentar las. Er grinste schief, sah aber ungewohnt ernst aus. Zur Zeit hatte er andere Sorgen als die erotischen Eroberungen, um die wir ihn so beneideten und die wir gleichzeitig fürchteten.

Mit jeder Woche ließ sich sein Vater mehr gehen. Als nichts von Wert mehr im Haus war, griff er zu drastischen Mitteln: Er versetzte die Schuhe der Kleinsten, um sich Schnaps zu besorgen. Jetzt liefen die Zwillinge, ein Mädchen und ein Junge, anderthalb Jahre, mit Lumpen an den Füßen herum, die ihnen Heinrich mit Paketband festgeschnürt hatte. Er schämte sich so furchtbar, dass wir das ganze Ausmaß der neuen Not in der Familie vor kurzem durch Zufall mitbekommen hatten. Das konnten wir nicht zulassen. Mindestens die Hälfte unserer Beute brachten wir jedes Mal in die Nummer sechzehn der kleinen Sackgasse, in der Heinrich sich regelmäßig verleugnen ließ, wenn wir unsere »Almosen« abgaben. »Betteln is demütijend, selbst wenn et aus der Not jeboren is«, war Heinrichs unerschütterliche Meinung.

Aber eines der anderen Kinder sah das weniger eng und erleichterte uns stets gern und eilfertig von unserer nahrhaften Last. Einmal schenkte uns Heinrichs kleine Schwester Suse aus Dankbarkeit eine kleine selbstgenähte Stoffpuppe; sie war winzig und hatte zottelige Haare aus Wollfransen. Wir wussten nicht, was wir zwei Halbwüchsigen mit einer Puppe anfangen sollten, brachten es aber bei einem Blick in die großen braunen Augen des Mädchens nicht übers Herz, uns dies anmerken zu lassen. Stattdessen lobten wir die Näharbeit und gaben uns begeistert. Aus Spaß balgten wir uns um das kleine Geschenk, sodass sie lachend versprach, für das nächste Mal eine zweite zu nähen, »eine noch schönere«, wie sie betonte.

Einmal trafen wir Suse am Antonplatz. Obgleich sie selbst noch nicht annähernd ausgewachsen war, schleppte sie ein Kleinkind auf dem Arm, dem unappetitlich die Nase lief. Aus ihrer Schürzentasche sah ich eine Handvoll noch grüner Tomaten lugen. »Frisch ge… geholt von der Laubenkolonie weiter hinten«, grinste sie frech, als sie meinen Blick bemerkte. Doch ich sah ihr an, dass ihre prompte Reaktion mehr die Flucht nach vorn als echte Kaltschnäuzigkeit war.

»Passt bloß uff«, sagte ich altklug, »die sind ja noch nich ma reif. Von den grünen Dingern kriegt ihr doch nur Bauchschmerzen.«

»Happa happa«, brabbelte das Kleinkind und rieb sich das Bäuchlein. Sie zögerte kurz, dann flüsterte Suse, dass nur ich es hören konnte: »Lieber dit als jar nüscht im Magen …« Ich versuchte, nicht allzu mitleidig zu gucken. »Wir kochen mit allem, wat grade zur Hand is. Und wir haben schon zweimal die Suppe

glauben, was ich sah, oder ich wollte es nicht. Mit großer Mühe kniff ich die Augen zusammen, doch einem unüberwindbaren Impuls nachgebend musste ich sie gleich wieder öffnen. Ich gab einen gequälten Laut von mir. Schon wieder tote Menschen: Vor uns, unter dem breiten schief liegenden Brett ragten … Füße hervor, vier Paar menschliche Füße. Es war schrecklich. Sie steckten in verschiedenartigen und verschieden großen Schuhen. Alle sichtbaren Sohlen waren ziemlich abgelaufen. Mein Kopf brummte wie ein Motor, ich konnte nichts anderes denken als »weiß, weiße Sandalen.« Immer wieder schwirrten diese Worte in meinem sich heiß laufenden Gehirn herum. Ich wollte mich endlich lösen, den Blick abwenden, aber ich konnte es nicht. Mein Blick klebte an den ehemals weißen Kindersandalen, die jetzt von Blut und Ruß verklebt waren.

»Egon?« Mein Freund hatte etwas bemerkt. Sein Ruf wurde drängender. »Alles in Ordnung? Wat is mit dir?!« Kalle kam in Zeitlupe auf mich zu, ich fühlte die Bewegung in meinem Rücken. Ich versuchte erfolglos den Kopf zu drehen. Die Wurst blieb mir im Halse stecken, als ich ihm antworten wollte: »Krr, krchz …« Ich ruderte verzweifelt mit den Armen, der Sack fiel polternd zu Boden. Brot, Wurst und Obst kullerten über den Boden, der Inhalt einer Flasche Most ergoss sich über die staubigen Steine und drohte die Schuhe der toten Verschütteten zu durchnässen. Mein Freund sah es noch immer nicht. »Haste dir verschluckt?«, fragte Kalle erschrocken. Mit einem wendigen Satz war er bei mir und schlug mir so kräftig auf den Rücken, dass ich nicht nur die Wurst wieder ausspuckte, sondern auch gleich alles restliche, wenn auch wenige, das ich zuvor an diesem Tag gegessen hatte. Als ich den Kopf hob, deutete ich in die Richtung, in der die Toten lagen. Kalle wich einen Schritt zurück. »Ach du meine Jüte!«, krächzte er. Ich hatte inzwischen die Flucht ergriffen und war aus dem Verschlag geflohen. Kopflos lief ich durch die Kellergänge und suchte panisch nach einem Ausgang. Ich kam mir vor, wie das »Häschen in der Grube«. Ich wollte nur raus, weg. Ich brauchte dringend Licht, frische Luft. Ich atmete hektisch und unkontrolliert. Erst oben, unter freiem Himmel blieb ich stehen und hielt mir die schmerzende Seite. Oh Mann, was für ein Schock. Vor meinem inneren Auge tauchten noch immer die schrecklichen weißen Kindersandalen auf. Ich ließ mich erschöpft auf einen Schutthaufen fallen. Was für ein Drama! Und am schlimmsten: Ich hatte Kalle einfach da unten allein gelassen. Er war gekommen, um mir zu helfen, hatte meinen Kopf gehalten, als es aus mir herausbrach, und ich war einfach weggerannt. Ein schöner Freund biste! Schimpfte ich mich selbst aus, brachte aber keine Energie auf, wieder zu ihm hinunter zu steigen. Von Gewissensbissen geplagt und todmüde wartete ich. Nichts geschah. Die Minuten zogen sich endlos dahin, die Zeit schien still zu stehen. Mir war, als wanderten selbst die Wolken am Himmel langsamer als vorhin noch. Bedrohliche Gedanken besiedelten meinen ohnehin verletzten Geist: Was ist, wenn er auch verschüttet wurde oder wenn das Feuer noch gar nicht gelöscht gewesen war, sondern in einem verborgenen Teil weitergebrannt und ihn nun erfasst hatte? Würde er auch bis zur Unkenntlichkeit verbrennen, sein Körper zum Schluss von der Hitze auf die Größe einer Puppe zusammengeschrumpft sein, wie es Fritz geschildert hatte? Ich raufte mir die Haare, brachte es aber noch immer nicht fertig mich zu bewegen. Plötzlich spürte ich eine Hand auf meiner Schulter. Der Griff fühlte sich vertraut an, nichtsdestotrotz zuckte ich zusammen.

»Ach hier biste. Bist ja jerannt wie der Teufel«, sagte Kalle leise. Ich konnte nichts erwidern, sah ihn nur unendlich erleichtert an. Er setzte sich zu mir, eine Weile sagten wir gar nichts, beobachteten nur, wie die Krähen um ein verschnürtes Bündel kämpften. Dann packte er mich sanft am Arm und zog mich hoch. »Jeht et wieder?«, fragte er.

Ich nickte steif. »Ja ja, jeht schon wieder«, antwortete ich heiser. »Es is nur ...« Ich beendete den Satz nicht, winkte nur ab.

»Komm«, forderte er mich auf. Erst jetzt sah ich, dass er den Sack von vorhin aus dem Keller geschultert hatte. Als er meinem Blick folgte, meinte er: »Lass jut sein. Für die da unten hätten wir eh nüscht mehr tun können.« Ich nickte, aber ich vermied es, den Sack mit den Lebensmitteln darin zu berühren, als sei Dynamit darin. Kalle trug ihn den ganzen Weg bis zu Heinrichs Zuhause. Wir klopften zweimal lang, dreimal kurz. Seitdem die Klingel abgestellt war, vermieden es die Bewohner jedem zu öffnen; schließlich hätte es der Gerichtsvollzieher sein können, der ihnen wegen der Miet- und Stromschulden auch noch ihr Letztes nahm. Dann würde nur der Umzug ins Armenhaus bleiben, was auch die Trennung der Familienmitglieder bedeutet hätte.

Ein Dreikäsehoch von vielleicht fünf Jahren streckte vorsichtig den Kopf durch den Spalt zwischen Tür und Rahmen. »Wer is da?«, fragte er zaghaft, erkannte uns im gleichen Moment aber als »gute Feen« und riss schwungvoll die Tür auf. »Ach, ihr seid dit. Prima!« In seinem Gesicht war ein Lächeln angeknipst worden. »Habt ihr mir wat mitjebracht?« Kalle wuschelte ihm durchs Haar.

»Uns, wenn dann uns was mitjebracht, Hosenscheißer«, ertönte die Stimme von Heinrichs jüngerem Bruder aus dem hinteren Teil des schmalen dunklen Flures. »Kommt rin!«, forderte er uns auf. »Heinrich ist jerade ... äh beschäftigt.«

»Macht nix«, lenkten wir von der unangenehmen Situation ab, »wir können es jenauso jut euch jeben«, meinte Kalle lapidar und stellte den schwer gewordenen Sack ab.

»Wie der Weihnachtsmann«, staunte der Knirps und versuchte mit langem Hals einen Blick auf den Inhalt des Sackes zu ergattern. Barfuß hüpfte er über die nackten Dielen.

»Es is wieder wat ... nun ja, übrig jeblieben. Wär ja schade, wenn es verkommt«, erklärte Kalle umständlich. Eifrig schob der Junge den Sack in die Küche neben den Tisch und schnürte ihn auf. Augenblick steckte der jüngere Bruder mit dem Kopf darin und inspizierte neugierig die Lebensmittel. Kurz darauf hörte man es leise schmatzen.

»Mannometer, du steckst ja gleich die janze Rübe rin, du Jierschlund. Unsere Jäste müssen denken, du kriegst sonst nüscht«, grinste Heinrich, der nun den Raum betreten hatte. Eine leichte Röte überzog sein Gesicht, angesichts der von ihm als peinlich wahrgenommen Konstellation in der Küche.

»Krieg ick ja ooch nich«, ertönte es aus dem Sack.

Heinrich wurde wütend: »Pass ma uff! Sonst jibt es gleich nen Satz heeße Ohren!«

»Wo is denn die Suse?«, lenkte ich schnell ab. »Sie schuldet uns noch einen Glücksbringer«, scherzte ich. Ich fühlte mich verpflichtet, mich nach meinem Schweigen nun auch an der Konversation zu beteiligen.

Heinrichs Miene verfinsterte sich. »Im Krankenhaus isse. Tbc«, berichtete er.

»Ach Jott, ooch dit noch. Mensch, die Kleene«, entfuhr es Karl-Heinz.

»Ja, seit einer Woche schon.«

»Es sieht nich jut aus«, fügte der jüngere Bruder niedergeschlagen hinzu. »Aber sie hat tatsächlich wat für euch dajelassen.«

»Ach, dit hat sicher Zeit«, winkte ich nun peinlich berührt ab. Doch Heinrich hatte schon eine Schublade aufgezogen und kramte darin herum.

»Nein, nein. Ihr kennt doch Suse. Sie kann sehr dickköpfig sein. Wenn ick euch dit hier nich jegeben hab«, er reichte mir eine zweite kleine selbstgenähte Puppe, der ersten ganz ähnlich, »dann reißt sie mir den Kopp ab, wenn ... sie wieder da is«, fügte er mit einem traurigen Lächeln hinzu. Ich betrachtete das Püppchen aufmerksam; es trug Hemd und Schlüpfer aus aufgeribbelten Zuckersäcken gestrickt. Ich befestigte es spontan an meinem Schlüsselbund, ungeachtet des Spottes, den mir dieser besondere »Schmuck« bei meinen Kumpels einbringen würde. Es war ein Glücksbringer, davon war ich überzeugt – ich wusste nur noch nicht, wem es Glück bringen sollte. Inzwischen war der Kleine wieder mit dem Kopf aus dem Sack aufgetaucht. Immer noch kauend grinste er uns frech an, während er unauffällig versuchte, etwas in seiner mit Knieflicken ausgebesserten Latzhose verschwinden zu lassen.

»Denk nich mal dran!« Sein Bruder warf ihm einen drohenden Blick zu. Ein kurzes Zögern, dann gab er auf: Mit hängenden Schultern rückte der Spitzbube das Stück Wurst wieder heraus und legte es auf den Tisch. Heinrich tat, als ginge ihn all das nichts an.

»Na denn, wir müssen«, drängte ich zum Aufbruch. Heinrichs Brüder brachten uns zu Tür. Dem Kleinen rannen Tränen der Enttäuschung über das erbeutete und wieder verlorene Stück Wurst über die Wangen.

»Nächstet Mal«, hörte ich Kalle ihm zuflüstern, »bring ick dir allein wat besonders Feines mit. Extra nur für dich, in Ordnung?«

»Ehrlich Kalle, nur für mich?«, fragte er aufgeregt.

»Pssst, du musst aber die Klappe halten. Dit muss unser Jeheimnis bleiben, ja?«

»Klar! Verstanden«, flüsterte er. »Ick schweige wie ein Friedhof.«

Kalle grinste. »Ok, jenau, du musst schweigen wie ein Grab, dann lass ick dir wat Besonderes da.«

»Ehrenwort?«

»Indianerehrenwort!« Mit vor Begeisterung, sowohl über das Geheimnis als auch über die Aussicht auf eine extra Ration Futter, roten Ohren stupste uns der Knirps zum Abschied und trollte sich. Sein großer Bruder öffnete uns die Wohnungstür.

»Danke«, raunte der Junge, während wir herausgingen. Ich trat schnell in den Hausflur, senkte den Blick und versuchte verzweifelt das Bild der weißen Sandalen aus meinem Kopf zu verscheuchen.

Kapitel 21

So sportlich Kalle und ich uns auch gaben, schwimmen konnten wir noch immer nicht. Es wurde Zeit unseren Vorsatz wahrzumachen. An einem schönen Sommertag beschlossen wir, uns beim Schwimmverein in Berlin Weißensee anzumelden, um schwimmen zu lernen. »Wieso eijentlich?«, frotzelte Kalle, »Wozu soll ick mir noch die Mühe machen und schwimmen lernen, wenn ick bald Kanonenfutter bin?« Ich ging nicht darauf ein und schleppte ihn zur S-Bahn. Schließlich hatte ich ihn wieder soweit, dass auch er es gar nicht erwarten konnte, bald die erste Unterrichtsstunde zu haben, damit er endlich die feschen Mädels beeindrucken konnte, was mit seinem Hundepaddeln nicht gelang – lediglich mitleidige und belustigte Blicke brachte dies ein. Der Schwimmkurs sollte bald losgehen, und wir freuten uns sehr, den Rest des Sommers im See genießen zu können. Von der Haltestelle aus liefen wir ein gutes Stück zu Fuß. Nachdem die Anmeldung erledigt war, gingen wir zum See hinunter. Wir schlenderten am Ufer entlang und jagten Enten. An einer besonders flachen Stelle, in einer kleinen Bucht zwischen Sträuchern verborgen lag ein Ruderboot. Es machte einen verlassenen und schäbigen Eindruck.

Schon schlich Kalle um den Kahn herum: »Boa, schau mal, meinst du, dit jehört jemandem?«

Ich schüttelte unwillkürlich den Kopf. »Sieht alt aus!«, sagte ich und folgte ihm dennoch. Kalle war Feuer und Flamme.

»Komm, wir setzen uns mal rinn.« Ich zögerte, wandte ängstlich den Kopf hin und her. Karl-Heinz kam zu mir. »Nur mal so zum Spaß ...« Er zog mich am Arm zum Boot und stieg ein. Widerwillig folgte ich ihm. Wir setzten uns auf die verwitterte Holzbank. Er nahm das Ruder, von dem bereits in großen Stücken die Farbe abblätterte, und erklärte sich mit roten Wangen zum Kapitän. Schon bald fuhren wir in Gedanken auf den Weltmeeren und erlebten große Abenteuer: Piraten, Seeungeheuer, todbringende Stürme und Geisterschiffe spielten dabei die Hauptrollen. Doch stets gab es ein gutes Ende. Nie sank unser kleines Schiff, immer kamen wir heil und glücklich aus der Sache heraus. Er hatte mich mit seiner Begeisterung angesteckt.

Ich stimmte sofort zu, als er vorschlug, ein kleines Stück auf den See hinauszufahren. Nur bei einer Sache hatte ich Bedenken: »Aber wat is, wenn wir sinken? Wir können doch noch jar nich schwimmen!«

Kalle wischte meinen Einwand mit einer Handbewegung fort. »Ach wat, wir sinken nich! Außerdem bleiben wir doch ganz dicht am Ufer.« Und schon standen seine Füße im Sand, und er schob und drückte am Bug des Bootes, um es ins Wasser zu schieben. Auch ich zog meine Schuhe aus und half ihm. Es war sehr schwer, aber schließlich hatten wir es geschafft. Erregt von der Vorfreude auf das bevorstehende Abenteuer sahen wir einander an.

Er grinste. »Wir stehlen es ja nich, wir leihen es nur mal janz kurz aus.« Ich nickte, genoss den leichten Wind auf meinem Gesicht, fühlte mich frei. Plötzlich erlosch sein Grinsen. Er wurde fahl blass und starrte mich an.

»Wat is? Haben die uns entdeckt?!«

Er deutete mit einer Handbewegung auf den Boden des Bootes. Ich bekam Panik. War der alte Kahn doch leck? Würden wir zwei es zum Ufer schaffen? Wir waren doch eben erst gestartet. Doch Karl-Heinz meinte etwas anderes: »Dein … dein Fuß!«, stammelte er. Und dann endlich sah ich es auch. Auf den schäbigen Holzbohlen hatte sich bereits eine kleine rote Pfütze gebildet. Es war mein Blut, das aus einer großflächigen Wunde an meinem linken Fuß heraussickerte. Als ich erschrocken meinen Fuß hob, bot sich uns ein Bild des Schreckens: Meine Verse hing nur noch an wenigen Fetzen Haut und Muskelfleisch. Sie baumelte herab wie eine Schweinehaxe am Haken. Ich riss die Augen auf, konnte es nicht glauben, beinah von der Mitte der Sohle an verlief ein schräger glatter Schnitt nach oben. Das konnte unmöglich mein Fuß sein! Ich versuchte ihn zu bewegen, war aber am ganzen Körper vor Schreck und Überraschung gelähmt. Ungläubig starrte ich noch immer auf die sehr stark blutende Wunde. Ich sah geradezu teilnahmslos zu, wie das Blut in dünnen Rinnsalen aus dem offenen Fleisch floss. Wie war das möglich, ich hatte doch gar nichts gespürt!

Später musste Kalle an den Unfallort zurückkehren und berichten: Ich hatte mich wohl an einer kaputten Flasche geschnitten. Sie lag am Ufer, halb vom Wasser bedeckt und war so scharfkantig wie eine Rasierklinge gewesen. Als Kalle klar wurde, wie schnell ich Blut verlor, sprang er aus dem Boot. Er zog es rasch auf die Uferböschung, dann lief er los. Ich dachte schon, er wolle mich allein lassen, doch er rief mir, schon im Rennen begriffen zu: »Bleib da, ick hole Hilfe. Ick hole janz schnell Hilfe.« Er sprintete am Ufer entlang, schrie noch immer ich solle mich nicht vom Fleck rühren. Je weiter er sich entfernte, desto verschwommener sah ich ihn.

Ich versuchte aus dem Boot zu klettern. Mir wurde schwarz vor Augen, vor Schreck und Schock. Ich konnte nichts mehr sehen, tastete wirr mit den Händen umher – ich fürchtete ernsthaft: Jetzt bist du blind. Statt sitzen zu bleiben und auf Hilfe zu warten, schleppte ich mich in Todesangst zur Straße zurück. Ich weiß nicht, wie lange ich dafür brauchte. Dort brach ich ohnmächtig zusammen. Als Kalle außer Atem und die Helfer heftig drängend zurückkamen, war ich fort. Panisch suchten er und die Sanitäter die Umgebung nach mir ab. Nichts. Allein der Blutspur konnten sie schließlich folgen. Gott sei Dank fanden sie mich rechtzeitig.

Ich hatte sehr viel Blut verloren. Meine Ferse war komplett nach hinten geklappt, der Anblick des rohen Fleisches ließ Kalle kurzzeitig hyperventilieren. Doch alles konzentrierte sich auf mich. Es war ernst. Zuerst sollte ich ins ehemalige »Jüdische Krankenhaus« eingeliefert werden, aber dort konnten sie mir nicht helfen. Weiter ging es in das Weißenseer Krankenhaus. Dort versuchte man die Blutung zu stoppen. Im Dämmerzustand hörte ich, wie sie die Sanitäter Kalle versicherten, dass ich mindestens zwei bis drei Wochen im Krankenhaus würde verbringen müssen, »wenn nicht sogar einen Monat«, erklärte der eine. »Andererseits ist die Bude voll und die Betten sind knapp«, warf der andere ein. Ich war unfähig, etwas zu sagen, zu schwach den Mund zu öffnen. So lange? Da sind doch die

Prüfungen ... Ich will nicht sitzen bleiben, dachte ich halb panisch, halb schläfrig.

In der Notaufnahme erlangte ich das Bewusstsein vollständig wieder. Ich erkannte das besorgte Gesicht meines Freundes über mir und die weißen Deckenplatten. Dann wurde ich fortgeschoben, bekam eine Maske aufs Gesicht gedrückt, ein Tuch, auf das Äther getropft wurde. Ich fühlte nichts, weder Schmerz noch Taubheit. Ich bekam Angst, ob die Betäubung wirken würde; sollte sie schon wirken oder war ich zu ungeduldig? Würden sie bemerken, dass der Äther noch nicht wirkte? Sie schienen es so eilig zu haben, die Wunde zu nähen, dass ich befürchtete, sie würden beginnen, bevor die Narkose ihre Wirkung entfalten konnte. Zwei von Fältchen umrahmte Augen sahen in die meinen. Ich hatte vor Angst die Augenbrauen gehoben und schluckte mechanisch. »Du musst zählen, bis einhundert«, erklärte der älterer Arzt ruhig. »Zähl, Junge! Keine Bange. Einfach zählen, eins, zwei, drei ...«

Panisch klapperte ich mit den Augenlidern, dann dachte ich daran, dass mein bester Freund draußen auf mich warten würde und begann zu zählen. Ich würde tun, was der Arzt gesagt hatte, egal, wie lange, es dauern würde. Hatte er gesagt, wie lange ich zählen sollte? Wieder fühlte ich Verzweiflung in mir aufsteigen, doch ich befahl meinem Gehirn einfach die Zahlenreihe fortzusetzen, irgendwann würde das Narkosemittel schon wirken. Und wenn ich bis fünfhundert zählen müsste. Ich zählte, es kam mir wie eine Ewigkeit vor: »vier, fünf, sechs ...« Dann war ich schon abgetaucht in die matt-dumpfen Narkosesphären, und sie flickten mich wieder zusammen. Ich hatte Glück gehabt, der hohe Blutverlust hatte mir und den Ärzten arg zugesetzt, doch sie hatten die Wunde gerade noch rechtzeitig versorgen können.

Annemarie brachte mir blutbildende Leckereien, wie gezuckerte und in Rotwein verquirlte rohe Eier – wovon ich regelmäßig Kopfschmerzen bekam – und Fleischbrühe. Zuerst war ich noch schwach, doch schon bald kam ich wieder zu Kräften und verfluchte abermals den Umstand das Bett hüten zu müssen. Der Schnitt war tief und musste gut ausheilen, bevor ich den Fuß wieder belasten durfte. Eine Tortur für mich.

Ich musste – mit Hummeln im Arsch, wie Fritz erklärte – langweilige Wochen im Krankenhaus verbringen. Doch Kalle machte sein Versprechen war und besuchte mich sehr regelmäßig. Wieder philosophierten wir stundenlang über die besten Spieler und tollsten Fußballtricks. Doch wenn alle weg waren, wurden die Abende lang, und manchmal stahl ich mich aus dem Bett und wanderte humpelnd die einzelnen Stationen ab. Ich sah und hörte viele Sachen, die sehr angsteinflößend waren, ob das Weinen der Kinder auf der Kinderstation, die tierähnlichen Schreie der unter Qualen gebärenden Frauen auf der Geburten-Station, das Brabbeln der Alten oder das Wimmern der Invaliden, denen ganze Körperteile, ja zum Teil Gesichtshälften fehlten, ich fühlte das Leid und roch nicht selten den Tod, was mich dann doch schnell wieder zurück in mein Bett und zu den bereits schnarchenden Zimmergenossen trieb, die mich übrigens nie verpfiffen. Besonders leid taten mir auch jene Kinder, die auf der Isolierstation bleiben mussten, und ihre Angehörigen nur durch eine Scheibe sehen konnten; besonders die Kleinsten litten sehr unter der räumlichen Trennung. Insgeheim war ich dankbar für meine Art der Verletzung. Dennoch: Ich begann viel und schlecht zu träumen. Häufig erschienen in meinen Alpträumen verstümmelte Soldaten, die nun an der Heimatfront »nutzlos« und halbtot in ihren Betten lagen und schrien. Obgleich ich sie im Traum nur durch die gläsernen Trennscheiben sehen konnte, hatte ich mächtige Angst. Nicht um sie, sondern vor ihnen. Ich fürchtete, dass sie auf ihren Arm- und Beinstümpfen aus den beschmutzen Betten auf mich zukriechen würden, um auch mich zu holen. Gleichermaßen erschreckend wie tröstlich war, dass in manchen besonders schlimmen Nächten mein Vater einer von ihnen zu sein schien. Ich wälzte mich unruhig im Bett und muss auch geredet haben, denn ab und an weckte mich einer der Bettnachbarn und bat mich leiser zu sein. Er könne nicht schlafen. Ich sehnte jeden Tag stärker meine Entlassung herbei. Auch um der beherzten, aber unerbittlichen Krankenschwester Eva zu entkommen. Sie badete meinen verletzten Fuß, dessen zackige und beeindruckend große Narbe ich später bei der einen oder anderen geplanten Eroberung stolz herzeigte, stets so heiß, dass mir das Blut in die Füße und die Tränen in die Augen schossen. Trotz aller meiner Proteste bestand sie auf dieser schmerzhaften Prozedur und umklammerte mit ihren kräftigen schwieligen Händen mein zuckendes Bein wie ein Schraubstock. Danach war ich zu erschöpft, um mich zu beschweren; ich lag einfach in meinem Bett, fühlte das heiße Pochen in meinem misshandelten Bein und starrte an die Decke. Es war schlimmer für mich, als ich es für möglich gehalten hatte, tat heftiger weh, als der blaue Daumen vom Holzhacken damals oder die in meiner Erinnerung monströse Tollwutspritze, die ich in der Parkklinik bekommen hatte, als mich auf der Straße ein fieser kleiner Spitz in die Wade gebissen hatte. Ich flehte Annemarie an, für meine vorzeitige Entlassung aus dem Krankenhaus einzutreten. »Wenn ick hier nich einer Blutvergiftung oder des schrecklichen Fraßes wegen hops jehe, sterbe ick vor Langeweile«, klagte ich ihr mein Leid, was zum Teil auch stimmte. Die anderen, viel wichtigeren Gründe allerdings enthielt ich ihr vor.

Als ich endlich entlassen wurde, wurde meine anfängliche Freude schnell getrübt: Kalle konnte schwimmen. Er hatte den Kurs, bereits im Voraus bezahlt, auf Drängen seiner Mutter allein gemacht. Ich war untröstlich. Somit war ich nun der Einzige, der immer noch nicht schwimmen konnte. Ich fasste einen Entschluss und schaffte es tatsächlich, mein Vorhaben zu verwirklichen: Mit zusammen gebissenen Zähnen brachte ich mir das Schwimmen in den nächsten Wochen heimlich selbst bei. Eines Nachmittags überraschte ich Kalle: »Jehen wir noch ne Runde schwimmen?«, fragte ich beiläufig.

Er sah mich groß an. »Ick hab ja keene Badehose mit.«

»Ick guck dir schon nüscht weg«, winkte ich ab. Er staunte nicht schlecht, als ich nackt und frierend vor ihm in den See watete und elegant, wie ich hoffte, draufloskraulte. »Da kiekste, wa?« Ich konnte mir ein zufriedenes Grinsen nicht verkneifen.

»Na, allerdings. Dit erklärt ooch deine Heimlichtuerei die letzten Wochen. Ick dachte schon, du hast eine Braut ...« Ich wurde unwillkürlich rot, musste immer noch wehmütig an Anitas prächtigen Vorbau denken. Kurzentschlossen tauchte ich unter, legte ein paar Meter auf dem Rücken schwimmend zurück und wechselte dann ins langweilige, aber kräftesparende Brustschwimmen; ich war noch immer nicht richtig auf dem Damm, schnell ging mir die Puste aus. Mein Freund planschte neben mir wie eine wild gewordenen Ente und versuchte, meine Schwimmerei lächerlich zu machen, doch ich war viel zu stolz auf meinen Erfolg. Mir war die ehrliche Ver- und Bewunderung in seinem Gesicht nicht entgangen. Und so kam es, dass sich mein Wunsch doch noch erfüllt hatte: Am Ende des Sommers, am letzten warmen Tag des Jahres schwamm ich gemeinsam mit meinem besten Freund im See. So, wie wir es ursprünglich geplant hatten. Kalle sparte nicht mit Lob, obwohl ich im Gegensatz zu ihm schwamm wie ein Welpe kurz vor dem Ertrinken. Auch hatte ich noch nicht meine alte Fitness wieder – der Unfall hatte mich zurückgeworfen – und manchmal schmerzte die viele Zentimeter lange Narbe, aber ich hielt mich über Wasser. Es war wunderbar endlich schwimmen zu können. Ich fühlte mich seltsam erwachsen, aber endlich auf eine hoffnungsvolle Weise, als hielte die Zukunft doch noch eine Chance für uns bereit. Wenn auch nicht als Schwimmprofis ...

Kapitel 22

Wir fanden uns wieder regelmäßig jeden Nachmittag auf dem Bolzplatz ein. Die Reihen der Großen waren aufgestockt worden – vor allem durch einige Heimkehrer. Keiner war mehr wie früher; einem fehlte ein Arm, ein Schulterschuss hatte seine Seite halb zerfetzt. Er schaukelte seltsam bei Rennen, und manchmal redete er wirres Zeug. Den frechen, arroganten jungen Mann, einen ausgezeichneten Libero, der er einst gewesen war, konnte man nicht einmal mehr erahnen. Wenn wir ihnen nun beim Spiel zusahen, mischte sich unter die Bewunderung eine große Portion Mitleid; die Hälfte der Mannschaft schien aus gebrochenen Greisen zu bestehen, obgleich der Altersdurchschnitt nicht höher als zwanzig Jahre gewesen sein kann. Nichtsdestotrotz waren einige der Jungs von nebenan noch immer unsere Alltagshelden und wir wollten ihnen nacheifern. Wir brannten darauf wieder mitkicken zu können. Endlich war es so weit. Erneut wurden wir Hänflinge den Mannschaften zugeteilt. Mein ehemaliger Kapitän war nicht dabei. Es kam, wie es kommen musste: Kalle und ich kamen dieses Mal in gegnerische Mannschaften; wir mussten gegeneinander antreten, zu dumm ... Ich verspürte absolut keine Lust gegen meinen besten Freund zu spielen. Aber auf der Bank sitzen – und das wäre unweigerlich die Alternative gewesen – wollte ich auch nicht. Also spielten wir. Ich humpelte nicht mehr, war aber noch lange nicht wieder so schnell und wendig wie vor dem Unfall am Boot.

Zuerst griff ich nur zaghaft an, doch dann kam das Spiel ins Rollen. »Nu los, vorwärts, jeh ran an den Mann«, ermahnte mich der selbsternannte Kapitän mit der Armbinde, aus einem Kniestrumpf geschnitten.

»Zieh endlich ab, hau druff!«, schrie Heinrich nach einem gelungen Doppelpass aus vollem Halse. Ich schluckte meine Zurückhaltung herunter und platzierte eine Bombe. Der Ball sauste direkt an Kalles Ohr vorbei. Tor!

»Ein Schuss, ein Treffer! So lob ick mir unseren Egon«, erklärte der neue Kapitän zufrieden. Sogar meinen Namen wusste er. Ich war in seiner Achtung deutlich gestiegen.

Bei den Gegnern war die Hölle los: »Ihr Idioten, könnt ihr nich uffpassen, ihr Piepel?!« Wütend schmetterte der gegnerische Torwart den Ball auf den Boden. »Wozu hab ick euch überhaupt in die Mannschaft jenommen?! Menschenskinder, dit kommt nich wieder vor – oder ihr seid raus!«, brüllte er. »Dann such ick mir andere Spieler, richtije, die ooch mal den Ball treffen!«

»Meine Jüte, der is uff hundertachtzig«, konstatierte Ullrich und grinste schadenfroh. Als der Torwart den Abstoß machte, sah ich Kalles blasses Gesicht, er hatte die Lippen aufeinander gepresst und fixierte den Ball. Dessen Flugbahn verlief vielversprechend – für uns. Schon hatte Franz den Ball mit der Brust angenommen und passte rüber zu einem schlaksigen rothaarigen Jungen, der ihn mit Mühe und Not annahm und an einen Mitspieler abgab, der über außen erneut bis direkt vors gegnerische Tor lief. »Loof mit!« Ich sprintete los, er flankte rüber auf meine Seite. Und wieder verwandelte ich den Ball in einen Treffer. Links unten in Ecke. Mit dem Außenrist hatte ich getroffen. Als Beidfüßer hatte ich enorme Vorteile. Jetzt wurde der Torwart gefährlich ruhig. Er machte drei ausladende Schritte und schnappte sich den nächsten Spieler, der in seiner Nähe war. Unglücklicherweise war das Kalle, der heute in die Abwehr verbannt worden war. »Wat hab ick jerade jesagt?!« Er packte ihn am Schlafittchen und schüttelte ihn unsanft. »Ick hasse es zu verlieren, verstehste! Wenn du nich fähig bist, biste raus!« Er schubste ihn Richtung Spielfeldrand. »Raus mit dir, sone Lusche wie dich können wir hier nich jebrauchen.« Ein Teamkollegen versuchte den Dicken umzustimmen, aber der hatte sich in Rage geschrien »Halt's Maul. Hier entscheide immer noch ick, wer dabei is und wer nich.« Der andere versuchte Widerspruch einzulegen, doch er wurde sogleich mundtot gemacht: »Oder hast du die Tore uffjestellt?! Nee, ne – dachte ick ooch nich, dit war nämlich ick!« Er kratzte sich am Kinn: »Ick hab damals dit Holz geklaut und die Näjel, ick hab mit dem Otto nachts heimlich allet zurechtgezimmert. Also komm mir nich so.« Den Rest des Spieles war ich unkonzentriert und spielte schlecht, ständig musste ich zu Kalles Wuschelkopf am Spielfeldrand schauen. Wie er da saß, stinksauer und enttäuscht; das konnte ich auch auf die Entfernung sehen.

Auf dem Nachhauseweg wollte er nicht mit mir reden. Ich versuchte es auf die nette Tour: »Kommste noch mit zur mir, Annemarie hat noch Fett jebunkert … Vielleicht macht se uns Kartoffelpuffer?« Doch er schüttelte nur den Kopf, hob kurz die Hand zum Gruß, als er in seine Straße einbog. Dann war er verschwunden. So missgestimmt hatte ihn das letzte Mal erlebt, als sich seine Mutter mit dem Philosophiestudenten verlobt hatte.

Meine Schule war in der Wilhelmstraße. Unser Geschichtslehrer war vom Tod besessen; er wusste anscheinend die Grabesstätten aller Prominenter. Deshalb nannten wir ihn nach seiner Lieblingsdisziplin, das Aufzählen der Orte, wo bekannte Persönlichkeiten begraben lagen: »Gräbertrotter«.

»Also Achim, wo liegt das philosophische Genie Johann Gottlieb Fichte?«

Während unser Mitschüler panisch aufstand und noch schwitzend überlegte, kam es bereits aus der letzten Bank gemurmelt: »Der Fichte liegt uff der Nichte. Und Zille uff Sybille.«

»Ruhe!«, brüllte der Lehrer. Auf seine »Kulturellen« ließ er nichts kommen. »Dein Nachbar – na los!«

»Den hat seine Olle heimlich im Jarten verbuddelt.«

»Nein! Dein Banknachbar!«

»Äh, auf dem dorotheenstädtischer Friedhof.«

»Richtig.« Er strahlte. »Sehr gut. Und unser guter alter Fontane?«

Hatte er eben einen Zufallstreffer platzieren können, war auch Achims Sitznachbar nun aufgeschmissen. »Hm ...«

Wieder erklang ein Raunen aus der letzten Reihe, dieses Mal von rechts: »Fontane liegt unter der Plane.«

Mit einer ungeduldigen Handbewegung bedeutete er ihm sich zu setzen. »Kirchhof zwei der Französisch-reformierten Gemeinde in Wedding.«

Er schritt durch die Reihen. »Weiter. Tieck?«

Umgehend tönte es: »Mit Tieck zum Sieg ...«

»Ruhe!«, mahnte der Lehrer. Er kam auf die Höhe meiner Bank. Ich begann zu schwitzen, zog den Kopf zwischen die Schulter, was mich keineswegs vor dem Katzenkopf schützte, der nun folgte. »Schläge auf den Hinterkopf fördern das Denkvermögen. Egon, du bist dran: Ludwig Tiek ...?!«

Ich warf den Kopf herum: »Ich äh ...«

»Falsch!«, donnerte der Oberlehrer.

»Karl-Heinz!« Ratlose Stille. »Mein Gott, wenigstens den Bezirk ...?«

»Weißensee?«

»Meine Güte. Wie soll denn aus euch Lausebengels noch mal was werden ... In Kreuzberg natürlich. Kirchhof eins der Dreifaltigkeitsgemeinde.« Wir bemühten uns, angesichts seiner detaillierten Kenntnisse wenigstens anerkennend zu nicken, um so vielleicht doch noch dem durch die Lehrerhand zugefügten Fünfereintrag im Klassenbuch zu entkommen. Doch mit den Pauker war heute nicht gut Kirschen essen. Es raschelte. Blitzschnell hatte er unter mein Pult gefasst und das aufgeschlagene Fußballalbum hervorgezerrt. »Habe ich es mir doch gedacht, daher die geringe Konzentration«, deklarierte er prosaisch. Er trat nach vorn und wedelte mit dem Heft vor der Klasse herum: »Fußball – immer nur Fußball, das ist nicht das einzige im Leben!«

Prompt rief Ullrich von hinten: «Nee, aber dit wichtigste!« Grinsend sahen Kalle und ich uns an. Bevor wir uns weitere Tiraden über Lebenssinn und Lernzweck anhören mussten, klingelte es zur Pause. Aufatmend packten wir unsere abgewetzten ledernden

Schulranzen und liefen am resigniert dreinschauenden Lehrer vorbei aus der Tür.

Ich dachte immer öfter an die Zukunft; ich arbeitete darauf hin, nicht auf den Schulabschluss, nicht mehr auf das Kriegsende, sondern einzig allein auf die Chance Fußballspieler zu werden. Beruflich »Fuß zu fassen«, wie Heinrich gern spottete. In meinem Kopf hatte sich die aberwitzige Überzeugung festgesetzt, dass, wenn ich es schaffen würde ein richtiger Profi zu werden, dann alles andere auch gut werden würde. Alles würde sich fügen, zum Guten wenden. In meiner Vorstellung spielte ich mit einer tollen Mannschaft für einen tollen Verein, für meinen Verein, mit Kalle zusammen auf dem Platz, es wäre Frieden, mein Vater, Annemarie und all die anderen Jungs säßen auf der Tribüne und wären stolz wie Oskar, ihren Egon, »die Bombe« zu sehen. Ich trainierte noch härter.

Annemarie war sehr lebenslustig. Dass sie nur zwei Tage vor Heilig Abend Geburtstag hatte, hinderte sie nicht daran die tollsten Feiern zu veranstalten, ja gerade die Weihnachtszeit sollte an ihrem Ehrentag einen Tag ausgesetzt werden. So wollte sie es. Deshalb hing in der »guten Stube«, wo sich Freunde und Verwandte versammelten, auch keine Weihnachtsdekoration – bis zum 23. Dezember. Stattdessen zierten Konfetti und Luftschlangen Boden und Wände. Es ging meist feucht-fröhlich zu; weder sie noch mein Vater waren »Kostverächter« – und die Gäste kamen immer gern, weil sie wussten, dass hier für das leibliche Wohl gut gesorgt wurde. Auch wenn wir uns in den darauffolgenden Tagen, ja manchmal sogar das ganze Weihnachtsfest über kaum mehr als Margarinestullen leisten konnten: Auf Geburtstagen wurde großzügig aufgetafelt. »Man muss die Feste feiern, wie sie fallen«, pflegte meine zierliche Stiefmutter mit einem trotzig-fröhlichen Lächeln, in das sich gern ein wenig Melancholie mischte, zu sagen. Eifrig sammelte ich an den Festtagen die leeren Gläser der Gäste ein – oft wurde ich für meinen Fleiß gelobt – und trank in der Küche hastig die Alkoholreste aus. Einmal, es war schon ein paar Jahre her, hätte ich mich fast übergeben, denn Onkel Erwin hatte seinen Kautabak in das Glas gespuckt. Das braune klebrige Zeug hatte sich am Boden mit dem Weinbrandrest vermischt, doch ich hatte es zu spät gesehen. Ich würgte und hustete, trank dann knapp einen halben Liter Wasser und schlich zurück ins Zimmer. »Na, Männeken Piss«, scherzte ausgerechnet Onkel Erwin, als er mich schwach im Türrahmen lehnen sah. »Siehst ein bisschen grün aus um den Riechkolben.« Der Brechreiz kam zurück und ich schluckte schwer. »Haste dich etwa verjiftet?« Alle sahen mich an. »An Limonade?!« Die Leute lachten. Ich ahnte, dass er wusste, warum mir so elend zumute war, ließ jedoch natürlich nichts verlautbaren. »Is die Limo zu hart für dich kleenen Bengel? Och … musste mal mit Leitungswasser versuchen … oder Muttermilch …« Die Gesellschaft grölte. »Aber nu komm mal her zu Onkel Erwin!« Ich machte unsicher einen Schritt auf ihn zu. »Kannst ein bisschen Kautabak von mir haben.« Plötzlich spürte ich wieder die ekelerregend faserigen alkohol- und speichelgetränkten Krümel im Mund. Ich blieb stehen. »Nee, nu ma im Ernst, komm her«, rief er nun in verändertem, sanfteren Ton.

Ich ging zu ihm hinüber, und er goß mir in ein frisches Glas einen Schluck Kaffeemilch. »Hier, trink dit, dit vertreibt den ollen Jeschmack im Mund ...«, flüsterte er fast vertraulich. Ich durchbohrte mit meinen Augen argwöhnisch das Glas, konnte aber nichts Verdächtiges daran entdeckte. Die fette Milch schmeckte gut. Als ich das Glas restlos geleert und langsam wieder etwas Farbe ins Gesicht bekommen hatte, zog er mich auf seinen breiten Schoß. »Pass ma uff, du schlauet Kerlchen. Wenn du willst, darfste heute wat janz spezielles tun. Aber«, er hob mahnend den Zeigefinger, »lass in Zukunft die Finger vom Alkohol. Dazu biste noch viel zu jung; der wird dich noch früh jenug in die Fänge kriegen, verstehste Bürschchen?« Ich nickte. »Denn is ja jut! So, nu also: Du darfst, wat sonst keiner darf, nich ma der Fritze mit seene komischen Toupets ... mir die Haare machen! Und zwar richtig schöne – hol mal deine Wasserfarben aus der Schule!« Ich strahlte über das ganze Gesicht. Die Glatze meines Onkels, der später bei der Allianz arbeiten sollte, war so perfekt wie eine Glatze nur sein konnte: glatt, kugelrund, einladend und einfach fantasieanregend kahl ... Aufgeregt rannte ich in mein Zimmer und holte meinen Tuschkasten. Wir setzten uns zusammen auf den alten Ohrensessel am Fenster: Onkel Erwin auf der Sitzfläche, ich hoch oben auf der Rückenlehne, wo ich den optimalen Blick auf seinen rothäutig bespannten Schädel hatte. Aufmerksam mischte ich die Farben; ich setzte dem Gelb noch etwas Rot hinzu, sodass eine schöne helle Farbe entstand, und ich malte konzentriert einige Strähnen auf die gerodete Kopfhaut meines Onkels. Er hielt wunderbar still, nur wenn er lachte, wackelte sein ganzer Körper, vom Bauch bis zum Kopf. Dann musste ich den Pinsel kurz absetzen, und durfte erst fortfahren, wenn das Gelächter verklungen war. Allerdings bemerkte ich nun, dass die Farbe, wenn die rauchgeschwängerte Luft sie getrocknet hatte, kaum noch zu sehen war. Erwin hatte einfach einen zu hohen Blutdruck, wodurch alles an ihm rot leuchtete. Ich nahm einen anderen dickeren Pinsel zur Hand und tauchte ihn in ein kräftiges Braun. Seine Schultern zuckten und stießen warm an meine knochigen Knie. »Mönsch, dit kitzelt!«, grinste mein Onkel. »Du sollst keene Borsten nehmen, sondern hier is natürlich een ›Haarpinsel‹ einzusetzen«, beschwerte er sich lachend. »Jedet Haar einzeln, bitte!«, forderte er. Meine Tante lachte scheppernd. Gespannt verfolgten die Anwesenden, wie sich die glänzende Murmel unter meinen kleinen Händen in eine mit braunen Strichen und albernen Stirnlöckchen bemalte Kunstwerk verwandelte. Allgemeines Prusten begleitete mein Schaffen. Röchelnd vor Lachen schlug mir Onkel Erwin gegen die Füße: »Mach ne scharfe Blondine aus mir, hörste – vielleicht komm ich denn doch noch zur Ufa ...«, schrie er vergnügt. Selbst mein Vater bog sich nun lachend. Zum Schluss holte Annemarie ihren Handspiegel aus dem Schlafzimmer und Onkel Erwin begutachtete skeptisch schmunzelnd seine neue Frisur. »Perfekt!«, sagte er anerkennend. »Mehr konnte man nich rausholen. Sollte ick vielleicht immer so tragen. Die Jungs in der Fabrik finden dit bestimmt dufte«, konstatierte er grinsend. Er nahm sich das alte Handtuch, das wie ein Friseurtuch um seine Brust und seinen Nacken gelegen hatte ab und steckte mir ein Reichsmarkstück in die Hand, ein kleines Vermögen. »Jute Arbeit, kleener Mann!« Er erhob sich, drehte sich aber noch einmal um und sah mich herausfordernd an: »Willste jetzt ein bisschen Schnupftabak?«

Ich schüttelte bestürzt den Kopf und drehte das Geldstück in meiner Hand. »Danke, Onkel Erwin!«

»Keene Ursache, es war mir eine Ehre.« Er ließ den Blick über die noch immer amüsierten Geburtstagsgäste schweifen. »Vielleicht sollten wir damit im Zirkus ufftreten, könnte man noch Jeld mit verdienen ...«, stellte er gut gelaunt fest. Von diesem Tage an wollte ich Friseur werden, behielt meinen Wunsch aber – dunkel ahnend, dass mein Vater von dieser Berufswahl nicht gerade begeistert sein würde – vorerst für mich. Eine kluge Entscheidung, wie sich herausstellte. Denn mit den Jahren verlor sich meine Begeisterung für dieses Handwerk. Seit letztem Jahr war Onkel Erwin ohnehin nicht mehr bei den Feiern dabei: Ein Schlaganfall hatte aus dem trinkfesten Gesellen ein sabberndes, augenverdrehendes Männlein gemacht.

Bei meinem einzigen Besuch fühlte ich kein Mitleid, nur Angst und Beklemmung, in dem nach Schweiß, Krankheit und Fäkalien riechenden Zimmer. »Vielleicht hat er uns ja an den Stimmen erkannt«, bemühte sich Annemarie beim Rausgehen um einen tröstenden Gedanken.

»Der erkennt niemanden mehr«, konstatierte mein Vater. »Der hat den Fährmann schon bezahlt. Is nur eine Frage der Zeit ...«

»Man muss die Feste feiern, wie sie fallen«, murmelte Annemarie wieder gedankenversunken und lief die

Stufen vor uns hinunter. »Was anderes bleibt uns nicht übrig.«

Wehmütig dachte ich an die vergangen lustigen Dezember-Nachmittage mit den Verwandten – dieses Jahr würden wir nur trübsinnig zusammensitzen und an all unsere Lieben an der Front denken. Ich sehnte mich nach den Kindereien der frühen Jahre zurück. Erwachsenwerden tat weh.

Kapitel 23

Der so lang erwartete Brief war endlich eingetroffen. Am Tag des ebenso ersehnten wie gefürchteten inoffiziellen Auswahltrainings wirbelte ein rauer Wind die Blätter im Straßengraben auf. Gemeinsam waren Kalle und ich am Morgen früh aufgestanden, um vorsichtshalber noch ein wenig zu trainieren. Das war natürlich Quatsch, aber es beruhigte unsere Nerven. Und die flatterten wie zwei wild gewordene Spatzen im Käfig. Wir hatten vor Aufregung kaum etwas zum Frühstück essen können. Doch nun in der Bahn auf dem Weg zur »Plumpe« am Gesundbrunnen, wo einige ältere Herren über unsere Zukunft entscheiden sollten, schien Kalle die Ruhe selbst zu sein. Jetzt ging es gleich los. Ich schluckte bei dem Gedanken daran. Am liebsten wäre ich einfach aus dem Wagon gestiegen, solch einen Kloß hatte ich im Hals. Doch Kalle guckte aus dem Fenster und klopfte gegen die Scheibe. Er konnte es kaum noch erwarten. Ich dagegen hätte gern die Kurve gekratzt und mich auf dem Dachboden verkrochen. Mir war schlecht. Kalle sah mich an und legte mir tröstend die Hand auf die Schulter. »Nur ruhig Blut. Dit wird schon. Pass mal uff. Wir beede sind doch zwei echte Knaller. Die können jar nich anders, als uns zu nehmen.« Ich war mir da nicht so sicher, versuchte mich aber von Kalles Optimismus anstecken zu lassen. Schließlich war ich derjenige, der ihn mit reingeschleust und ihm monatelang in den Ohren gelegen hatte, es auf jeden Fall mit mir zu versuchen. Als ich ihn überzeugt hatte, kamen mir selber Zweifel, ob wir schon soweit waren. Doch seinem Argument: »Ach, wat solls, mehr als nee sagen können die nich«, war nichts entgegenzusetzen gewesen. An unserem Fenster zogen Häuserblocks vorbei. Grau in grau – durchzogen von einigen wenigen grünen Straßenbäumen. Der Krieg hatte auch hier gewütet, in diesem wie auch im angrenzenden Bezirk. Ruinen säumten die Strecke. Eine Station wurde aufgerufen. Mein Magen verkrampfte sich erneut; der nächste Halt würde unserer sein! Beim Aussteigen musste Kalle mich ein wenig schubsen, ich wäre sonst in der Bahn geblieben. »Komm jetzt!« Er zerrte mich weiter.

In der Umkleidekabine schließlich herrschte große Aufregung. Viele, für unseren Geschmack viel zu viele, andere Jungs waren auch zur Auswahl eingeladen worden. Stumm taxierte ich Statur, Größe, schätzte das Alter der anderen, und kam mir noch mutloser vor. »Wat machen wir hier eijentlich? Dit wird doch sowieso nüscht«, herrschte ich Kalle an. »Eine blöde Idee!«

Doch Kalle war immer noch locker. »Keen Problem, wir schaffen dit schon.«

Ich hatte wirklich Angst. Mein Herz schlug mir bis zum Hals. Ich fürchtete schon, man könnte es sehen. Kalle redete mir gut zu, aber ich war so aufgeregt, dass es nicht mehr zu verhindern war: »Lass mich los. Ick muss kotzen.« Kalle gab meinen Ärmel frei.

»Ok, aber komm wieder. Kneifen jilt nich! Versprochen is versprochen.«

Nachdem ich die Toilette gesprenkelt hatte, schleppte ich mich auf den Platz hinaus. Der Trainer sah mich kurz an und meinte: »Bissken blass um die Nase. Keene Angst, hier frisst dich keener uff.« Er verpasste mir einen kumpelhaften Katzenkopf und es ging los. Zum Anfang mussten wir ein paar Runden laufen. Es folgten einige leichte Aufwärmübungen, dann ging es zur Sache. Nach den obligatorischen Trainingseinheiten wie Slalomlaufen, Köpfen, Sprinten und Passen, wurden wir in verschiedene Gruppen aufgeteilt. Wir spielten uns den Ball locker hin und her. Zu meinem großen Bedauern kam Kalle nicht in meine Gruppe. Nun war ich auf mich allein gestellt. Gott sei Dank hatte sich mein Magen beruhigt und mein Puls war nur von der körperlichen Anstrengung erhöht. Ein-, zweimal spürte ich die alte Verletzung an der Ferse schmerzen, aber ich ignorierte sie und konzentrierte mich auf meine Aufgabe. Das war meine Chance! Ich hatte Blut geleckt. Jetzt, wo ich schon hier war, wollte ich die auch nutzen und zeigen, was in mir steckte. Vielleicht würde ich ja tatsächlich meinem Traum ein Stück näher kommen. Ich bemühte mich, die zahlreichen talentierten Konkurrenten auszublenden. Nun hieß es: Augen zu und durch – oder besser: Augen auf und durch. Ich versuchte mir vorzustellen, ich würde auf unserem Bolzplatz spielen und nicht in der Plumpe – auf dem Rasen, auf dem sonst die Hertha-Profis spielten und trainierten. Es lief ganz gut, irgendwann hatte ich meine Aufregung vergessen und konnte einige Treffer platzieren. Im ärgsten Ansturm der Zweifel war mir der Rat meines Vaters in den Sinn gekommen: »Merk dir allet wie auf eener Landkarte in deinem Kopf; wo jenau is dit Tor, wo stehen die Jegner, wie weit is es bis zur Linie … Dann weeßte jenau, wo du stehst und kannst effizient agieren. Merke dir: Dit Jedächtnis is räumlich.« Das hatte ich mir zu Herzen genommen und der Knoten war geplatzt: Der Ball klebte an meinem Fuß und alles lief wie am Schnürchen. Ab und zu guckte ich verstohlen zu Kalle hinüber, auch er machte einen zufriedenen Eindruck, soweit ich das beurteilen konnte. Dann war alles vorbei. Ich wunderte mich, wie schnell doch die Zeit vergangen war. Verschiedene Gefühle überlagerten sich: Durchgeschwitzt, aufgeregt, erleichtert und ein wenig stolz saßen wir schließlich wieder auf den harten Bänken in der S-Bahn und schauten auf dem Rückweg in den Himmel, der von blau-grauen Wolken durchzogen war.

»Und wat meinste?«, fragte ich Kalle so neutral wie möglich. Nachdenklich sah er mich an. Ich wollte mich nicht verraten.

Er sah erschöpft aus, aber seine Augen leuchteten, als er sagte: »Ehrlich jesagt, ick hab keene Ahnung …« Auch ich war ratlos. Plötzlich strahlte er mich offen an. »… aber ick hab ein saujutes Jefühl!«

Ich musste in sein Lachen einfallen; es war zu ansteckend. Zu Hause begrüßte uns Annemarie mit frischen Quark-Pellkartoffeln und einem Bataillon von Fragen, die wir nur zu gern ausführlichst beantworteten. Unsere Antworten wurden immer kaltschnäuziger, wir begannen zu übertreiben und blieben nicht immer bei der Wahrheit. Annemarie hatte ihren Spaß an unseren Schilderungen und Übertreibungen, so wurde es ein vergnüglicher Abend. Der einzige Wermutstropfen: Ich hätte so gern meinem Vater auch davon erzählt. Gleich abends im Bett schrieb ich einen Brief an ihn, den ich niemals würde abschicken können. Denn ich hatte Angst eine Antwort zu bekommen, die ich nicht verkraften würde: »An Absender zurück«.

Kapitel 24

Kalle und ich liefen schon über eine Stunde quer durch die Stadt. Wir waren auf dem Weg zu Heinrich, der mit seiner Familie ausgebombt worden war und nun in Moabit wohnte. Sie waren bei einer Familie einquartiert worden, die »Lutschwurst« hieß. Das war natürlich ein gefundenes Fressen für uns Jungs. »Wessen Wurst wird denn gelutscht?« Doch Heinrich ging nicht darauf ein; das Klügste, was er machen konnte, denn schon bald verloren wir die Lust an unseren Späßen. Nun wollten wir Heinrich ein paar Klappstullen und den neuesten Klatsch aus unserer Gegend vorbeibringen. Außerdem hatte ich mein Sparschwein geplündert. Allerdings auf die heimliche Tour, denn Annemarie hätte sofort gemerkt, wenn ich »die Notgroschen« genommen hätte. Ich hatte mit einem Messer so lange im Schlitz des kopfüber hängenden Schweines herumgestochert, bis ich alle Münzen herausbekommen hatte, ohne das Sparschwein kaputt zu machen.

Auf unserem Weg quer durch das zerbombte Berlin hatten wir bereits die »Goldelse«, sprich die Siegessäule im Tiergarten passiert. Unwillkürlich hatten wir zur Aussichtsplattform in achtundvierzig Metern hochgeschaut. »Kreischt die Else janz in Jold, kommt doch ruff, wenn ihr wat wollt«, hatte Kalle Heinrich zitiert. Der Park, die Straßen, die Gebäude, kaum noch etwas sah so aus, wie noch vor ein paar Jahren, als ich mit Annemarie und meinem Vater hier ab und zu gewesen war, um Verwandte zu besuchen. Der Krieg hatte nicht nur die Menschen verändert. Endlich befanden wir uns in Moabit. Fast da, dachte ich erleichtert, denn der Proviantbeutel fühlte sich allmählich an, als würde ich Wackersteine darin spazieren tragen – obwohl mein Freund und ich auf dem Weg hierher bereits einiges dafür getan hatten, den Inhalt zu reduzieren. Aber: Wir hatten Heinrich keine einzige Stulle weggegessen; wir hatten lediglich Annemaries liebevoll belegte Brote ein wenig um ihren Belag erleichtert, hier eine Scheibe Wurst, dort ein Stück Käse; fiel gar nicht auf. Leider hatte uns das schlechte Gewissen dennoch den Genuss dieser leckeren Dinge, die auch wir in letzter Zeit nicht mehr allzu oft hatten, ein wenig verdorben. »So, jetzt sind wir fast da. Hier irjendwo muss et sein«, stellte Kalle fest. Wir sahen uns ratlos um. »Wie hieß die Straße nochmal?«, fragte er gedankenverloren.

»Mann, du kommst aber ooch wieder aus'm Mustopf, oder?«, meckerte ich. Ich ärgerte mich immer noch, denn dummerweise hatten wir den Zettel verloren, auf dem Heinrichs Adresse stand. Die Gegend wussten wir ungefähr, aber wo genau wir jetzt hin mussten? Keine Ahnung. Wir mussten uns auf Heinrichs Wegbeschreibung, oder was davon noch in unseren Köpfen davon übrig war, beschränken. Nach der Familie »Lutschwurst« zu fragen, trauten wir uns nicht. Entweder hätten wir sicher eines aufs Dach bekommen oder wir wären sicher in die falsche Richtung geschickt worden. Also blieb uns nichts anderes übrig, als zu suchen.

»Am Café Achteck vorbei«, hatte er gesagt, erinnerte ich mich, als wir uns dem Pissoir auf einem kleinen Platz näherten.

Seit 1878 hatte die Berliner Stadtverwaltung Toiletten aufgestellt, alle waren dunkelgrün lackiert und die gusseisernen Wände waren in einem achteckigen Grundriss aneinandergestellt. Wegen ihrer Form des Oktagons wurden die öffentliche Bedürfnisanstalt von den Berlinern »Café Achteck« genannt. Um 1920 hatte es über hundertvierzig solcher Pissoirs in Berlin gegeben, hatte mir mein Vater erzählt, als er mich das erste Mal mitgenommen hatte. »Hier hab ick sogar schon ein paar Berühmtheiten jetroffen«, hatte er mir stolz erklärt. »Sportler, Schauspieler, Politiker.«

»Echt? Haste denen ooch die Hand jeschüttelt?«

Er hatte angewidert den Kopf geschüttlet. »Nee, ick schüttel nur jewaschene Hände«, hatte er gelacht. Tatsächlich war das »Café Achteck« ein Treffpunkt. Man munkelte sogar, dass man hier ein paar richtig gute Witze über Ludwig Steeg, den Oberbürgermeister Berlins, hören konnte. Allerdings war das sehr gefährlich; sowas konnte einen in diesen Zeiten schon mal den Kopf kosten, die NSDAP verstand da keinen Spaß. Aber geplaudert wurde hier täglich während man die Keramik wässerte, vor allem über das Wetter und die Kartoffelpreise. Das Geräusch, das der Strahl in so einem Pinkelbecken machte – hell und dumpf zugleich – würde ich nie vergessen. Und auch nicht, wie ich mir versehentlich auf die Schuhe gepinkelt hatte, als ich das erste Mal mit meinem Vater in einem solchen Ding stand: Ich hatte mich erschrocken halb umgedreht, als ein dicker betrunkener Mann, den Hosenschlitz schon offen, hereingepoltert kam.

Der hatte uns keck und lallend erklärt: »›Bier, dit nich jetrunken wird, hat seinen Beruf verfehlt.‹, sagte schon Alexander Meyer, Mitglied des preußischen Abgeordnetenhauses, 1880. Merk dir dit, Junge!« Ich hatte ihm gar nicht zugehört, nur stumm auf meine feuchten Schuhe gestarrt. Mein Gott, war mir das peinlich gewesen, doch mein Vater hatte nur gelacht. Amüsiert, aber an der richtigen Stelle ernst, hatte er mir auf dem Nachhauseweg hoch und heilig versprochen, niemandem etwas davon zu erzählen.

Nun erzählte ich Kalle selbst davon; er lachte: »Na dit is ja ne Schote! Und denn? Biste zum nächsten Schuhputzer jerannt? Der Arme, hehe …!«

Ich grinste: »Dit is ne Idee. Die spucken doch ooch immer auf die Schuhe. Vielleicht sollten sie stattdessen mal …« Weiter kam ich nicht, denn Kalle unterbrach mich. Er erzählte eine Anekdote von seinem Cousin, der peinlicherweise auf dem Weg zu einer öffentlichen Toilette, die sich im Souterrain befand, gegen einen Pfeiler gelaufen war. Er hatte es nach einer Ladung Rizinusöl so eilig gehabt, dass er einfach drauf losgerannt war, mit dem Ergebnis einer böse blutenden Platzwunde, aber einer sauberen Hose. Die Wunde über dem linken Auge musste geklammert werden. »Wohl mit'm Klammerbeutel gepudert …«, scherzte ich.

»Du lass ma«, sagte er ernst, »nach dem Unfall war er echt nich mehr janz derselbe.«

Wir standen auf dem Bürgersteig und sahen uns um. Schlagartig wurde uns bewusst, dass wir uns verfranst hatten. »Verflixt, wo sind wir denn nun?«

»KA – keene Ahnung.«

Die erste Passantin, die wir nach der Familie »Lutschwurst« fragten, war eine verbittert aussehende alte Frau mit Kopftuch, die Kalle auch direkt eine knallte. Er beschwerte sich lautstark, aber ich zog ihn schnell weiter. Den nächsten fragten wir vorsichtshalber aus sicherer Entfernung. Ein knochiger, krank aussehender Mann, dessen Brille nur ein Glas hatte, hob zu einem dunklen, keuchenden Lachen an, als er den Namen hörte. »Nie jehört. Aber grüßt schön!«, hustete er und lief weiter. Der Fünfte schließlich konnte uns weiterhelfen.

Heinrich freute und schämte sich gleichermaßen, als er uns die Tür aufmachte. »Bin draußen«, rief er kurz ins Innere der dunklen Wohnung und verschwand mit uns auf die Straße hinaus. »Muss ick nich teilen«, flüsterte er mit verschwörerischer Miene auf den Proviantbeutel zeigend, den wir ihm übergeben hatten. Im Endeffekt aber nahm er doch die Hälfte des Essens mit rein; und wir wussten, dass er es nicht unter seiner Matratze verstecken würde, wie er geprahlt hatte. Er hatte unseren Erzählungen gelauscht und mit großem Appetit gegessen: »Hm, dit is lecker! Sag mal deiner Mutter lieben Dank«, murmelte er zwischen zwei Bissen. Er kaute genussvoll. »Wir essen fast jeden Tag nur ollet Brot mit Margarine; Zucker drüber, wenn wir haben. Schmeckt wie einjeschlafene Füße, sag ick euch.«

Mein schlechtes Gewissen meldete sich wieder. Seitdem Heinrich ausgebombt war, war er weniger schamhaft, was das Almosen kriegen anging. Schnell erzählte ich von dem Tordiebstahl auf dem Bolzplatz, um auf ein anderes Thema zu kommen. »... haben die unsere Pfosten und die Latte doch glatt als Feuerholz verwendet. Es hat zwei Tage gedauert, bis neue Bretter aufjetrieben werden konnten. Aber jetzt steht der Kasten wieder«, schloss ich.

»Ja ja, die Zeiten sind schlecht«, sinnierte Heinrich und zog ein Gesicht wie ein altes Klageweib.

Kalle ruckelte auf der kalten Ladenstufe, auf der er hockte, unruhig hin und her. »Jut, na denn, wir müssen auch langsam wieder, nich Egon?«

Er sah mich eindringlich an. »Äh, ja. War schön. Bis zum nächsten Mal.«

»Ja, und danke ooch für die Stullen«, verabschiedete Heinrich uns. Schon war er wieder im Hauseingang verschwunden.

»Wat is denn los?«, fragte ich Kalle. »Wir haben doch noch Zeit.«

»Ick will nach Hause«, antwortete er nur, und ich fragte nicht weiter, obgleich ich mich noch gern nach Suse erkundigt hätte. Unser Versprechen Heinrichs kleinem Bruder gegenüber hatte ich schon letztes Mal eingelöst, indem ich ihm ein Stück Hartkäse zugeschustert hatte.

Auf dem Nachhauseweg waren wir beide sehr nachdenklich. Wir verabschiedeten einander kurz und sprachen am nächsten Tag nicht mehr über den Besuch bei unserem Freund, der es im Vergleich zu uns viel schwerer hatte. Stattdessen verabredeten wir uns sofort nach der Schule, noch vor dem Mittagessen, für eine extra Fußball-Trainingseinheit. »Von nüscht kommt nüscht«, erklärte ich entschlossen. Allerdings glich das Üben nach dem Regenguss der letzten Nacht einer Schlammschlacht. Unsere Schienbeine mit den geringelten Strümpfen waren bis zu den Knien mit brauner nasser Erde verschmiert, die Schlammspritzer reichten hoch bis zu unseren kurzen Hosen. Annemarie würde fluchen. Aber Kalle und ich ließen uns nicht aufhalten; trotz knurrender Mägen rannten, stoppten, schossen und jonglierten wir, als wären wir nicht allein auf dem Platz, sondern als wäre der Spielfeldrand von vollbesetzten Tribünen gesäumt. Völlig erschöpft, total durchnässt und hungrig wie die Wölfe schlichen wir nach Stunden nach Hause, um kurz zu pausieren.

Kapitel 25

Wir sahen aus wie »der schwarze Mann«, vor dem sich Heinrichs Suse immer so gefürchtet hatte. Von oben bis unten waren wir beide mit Kohlenstaub bedeckt, nur unsere Augen stachen weiß wie hartgekochte Eier aus den verdreckten Visagen hervor. Aber das war uns egal: Wir waren erfolgreich gewesen. Unser erster echter Diebstahl; ein bisschen mulmig war uns schon, aber es musste sein. »Wer nich frieren will, muss wagen«, hatte Kalle tiefsinnig gesagt. Wir waren in den Keller der Kohlenhandlung eingestiegen. Klammheimlich, leise und mitten in der Nacht natürlich. Die meisten Kohlelager wurden bewacht, doch wir hatten einen Tipp bekommen. »Halbe halbe«, hatte uns der vierschrötige Mann versprochen. Obwohl er kaum doppelt so alt war wie wir, hatte er bereits eine Halbglatze und roch aufdringlich nach saurem Schweiß.

Der Lüftungsschacht, der zum Kellerfenster führte, war recht eng, aber Kalle ging locker durch. Ich hatte es gerade so geschafft, und wäre beim Ausstieg fast in Panik geraten, als mein Hosenknopf am Verputz hängengeblieben war. Wir hatten auf Zehenspitzen den Keller geentert, mit klopfendem Herzen so viel Briketts in die Säcke gesteckt, wie sie aushielten, und uns dann klammheimlich davon geschlichen. Es war ein aufregendes Gefühl gewesen, als wäre ein Kriminalroman Realität geworden. Eine Mischung aus Aufregung, Angst und schlechtem Gewissen, aber auch Freude über den gelungen »Streich« begleitete uns. Nun standen wir hier, mit Staub in den Lungen, einer ordentlichen Beute Kohlen und stolz geschwellter Kleinkriminnellenbrust. Wie verabredet ertönte ein leiser Pfiff von der gegenüberliegenden Straßenseite, wo unsere Komplizen warteten. Anerkennend klopfte uns der Anführer auf die Schulter. Ich war aufgekratzt und dennoch vom Schleppen der schweren Säcke erschöpft. »Na, ihr seid zwei pfiffige Bürschchen«, triumphierte der Mann. »Jut, nun jebt ma her.« Nachdem er sich vergewissert hatte, dass die Luft rein war, machte er ein ernstes Gesicht: »Zahltag.« Er lief mit einem seiner beiden Mitstreiter um die Säcke herum und begann sie aufzuteilen. Erstaunt beobachteten Kalle und ich, wie er zwei unterschiedlich große Haufen fabrizierte. Wollte er auf die Hälfte seines Anteils verzichten? Na, wir hatten ja auch wirklich die ganze Arbeit geleistet, und das Risiko hatte auch bei uns gelegen, war also nur fair. Ich freute mich schon und rieb mir innerlich die Hände, obgleich ich überlegte, wie wir das unauffällig wegschaffen sollten. »Dit is euer Anteil, nu ab nach Hause. Zeit für die Heia. Nun macht schon, bevor ick es mir überleje.«

Irritiert schaute ich auf den kleinen Haufen. »Wie? Wir hatten halbe halbe jesagt«, erklärte ich erstaunt.

Er trat dicht an mich heran und packte mich am Kragen. »Wat? Aufstand der Zwerje oder wat? Ihr kriegt, wat ick sage, verstanden, nich mehr und nich wenijer. Und dit da«, er deutete auf ein Viertel der Beute, »is schon mehr, als euch zusteht, ihr Hosenscheißer.« Er schupste mich unsanft und ich fiel auf den Hintern. »Seht zu, dit ihr wegkommt.« Kalle rührte sich nicht vom Fleck, während ich hektisch versuchte mich aufzurappeln.

»Nein!«, sagte Kalle. Alle Köpfe, inklusive meinem, drehten sich erstaunt zu Karl-Heinz um. »Nein«, sagte er, »abjemacht is abjemacht. Dit is Ganovenehre.«

Einen grausamen Augenblick lang herrschte Stille, dann fing sich der große Kerl und polterte los: »Du bist wohl als Kind zu heiß jebadet worden, du Kanaille! Haste nich mehr alle Tassen im Schrank, dich mit mir anzulejen?! Du hast ja keene Ahnung, mit wem du es zu tun hast: mit Boxer-Ede!« Keiner rührte sich. »Du nimmst jetzt janz schnell dein Zeug und deinen Freund hier und denn kratzt ihr die Kurve. Solange ihr noch könnt, sag ick euch!« Er hob drohend die Faust.

Kalle blieb ganz ruhig. »Nein«!«, wiederholte er, »abjemacht is abjemacht.« Als ob nichts gewesen war, sah er dem gefährlichen Mann offen in die Augen.

Der explodierte förmlich. »Ick werd dir Kakerlake gleich die Nase ins Jehirn rammen und aus'm Arsch wieder rausziehen!«, zischte er. »Du kriegst so eines uff die Zwölf, dass dich deine eijene Mutter nich wiedererkennt, wenn du jetzt nich sofort die Klappe hältst und die Bieje machst.« Er zählte an. »Eins, zwei ...«

Kalle stand noch immer wie angewurzelt da und sah trotzig in die Runde. Ich war an die Hauswand gewichen und hielt instinktiv schützend die Arme über den Kopf. »Nein, uns steht die Hälfte zu, nich mehr und nich wenijer. Ohne uns hättet ihr dit jar nich jeschafft, wir sind schmal jenug, um durch dit Fenster zu passen. Ohne uns hättet ihr jar ...«

Der erste Schlag traf Kalle mitten im Satz so hart in den Magen, dass er vornüber fiel wie ein Klappmesser. Der zweite Hieb riss ihn von den Füßen und ließ ihn hart auf das Kopfsteinplaster fallen. Er schrie auf vor

Schmerz. Als er am Boden lag, stürmten auch die anderen Spießgesellen auf ihn zu. Ich schrie und jaulte um Hilfe, doch keiner war in der Nähe. Ich stürzte mich schluchzend in die Meute, wollte Kalle befreien, ihn da rausziehen, mit ihm wegrennen – ein aussichtloses Unterfangen. Nach Sekunden lag ich neben ihm, nur Stiefel und Fäuste, nur Schmerzensblitze und Wutgebrüll über mir. Ich staunte noch, an wie vielen Stellen der Körper Schmerz verspüren kann, dachte noch, ein Wunder, wenn wir das überleben, den ganzen Scheißkrieg überleben. Dann verlor ich das Bewusstsein. Als ich wieder zu mir kam, war es dunkel um mich herum. Ich riss die Augen auf, versuchte zu sehen, dachte abermals, dass ich mein Augenlicht verloren hätte, doch dann bemerkte ich, dass lediglich Kalles zerfetzte Jacke über meinem Gesicht lag. Ich zog sie runter und sah mich um. »Diese Schweine«, stöhnte ich mit trockenem Mund, »haben uns nüscht jelassen, haben allet mitjenommen.«

»Nich allet«, jaulte Kalle, der einen Teil seines Eckzahnes verloren hatte. »Een Stück hab ick noch«. Triumphierend, mit blutender Lippe, hielt er ein Stückchen Kohle hoch. Wir grinsten uns schief an. Langsam und umständlich halfen wir einander auf die mit Blutergüssen übersäten Beine. Wir umfassten uns bei den Schultern; humpelnd und schwankend wie zwei Betrunkene torkelten wir nach Hause.

Annemarie war entsetzt; sie hatte mich an diesem Samstag überraschen und mir das Frühstück ans Bett bringen wollen. Als sie das Zimmer betrat und im Morgenlicht der Vielzahl meiner Blessuren an Gesicht und Körper gewahr wurde, wich sie entsetzt zurück.

»Oh mein Gott, Egon!« Der Duft des frisch gebrühten Ersatzkaffees zog mir in die Nase, noch bevor ich das Ausmaß ihres Schrecks ganz erfasste. Ich blinzelte ihr mit einem Auge entgegen, das andere war zugeschwollen, mein Bettzeug von Blut und rosa Speichel verfärbt. Ein Teil meiner Haare war ausgerissen und eine zackige Platzwunde an meiner Stirn verlieh mir ein besonders furchterregendes Aussehen. Blutreste klebten im Haar und an der Augenbraue. Als ich sie beschwichtigen wollte, zuckte ich zusammen, meine Unterlippe war eingerissen, schon begann sie erneut zu bluten. Annemarie atmete zweimal tief durch, nahm die Hände von ihrem Mund fort und zog mir vorsichtig die Bettdecke fort. Entsetzt starrte sie auf das ganze Ausmaß der Aktion der vergangen Nacht. »Was ist passiert?« Ich antwortete nicht. Sie wandte sich wieder meinen Wunden zu und machte ein seltsames Gesicht, als sie mit einem Schwamm und lauwarmem Wasser, mit Mullbinde, Jod und Pflaster wiederkam. Still säuberte sie meine Wunden, tupfte, trocknete und verband. Ihr Blick war eine beklemmende Stimmung erzeugende Mischung aus Vorwurf, Mitleid, Wut und Resignation. Ich machte es wie die Kellerasseln, wenn man ihnen ihren Stein fortgenommen hat und sie ungeschützt dem Licht ausgesetzt sind: Ich stellte mich tot. Mit zusammengebissenen Zähnen ertrug ich die Prozedur. Ich schämte mich, war aber zu müde, mich zu verteidigen, zu erklären oder sonstwie zu reagieren. Mein Körper war ein einziger pochender Schmerz. In meinem Kopf verschwammen die Bilder der letzten Nacht: der Diebstahl, der Kampf, der Nachhauseweg durch die menschenleeren Straßen. Einzig einige einsame Hakenkreuzfahnen hatten im Wind geweht. Ich wünschte, ich könnte diesen Tag, der nun kommen würde, in meinem Leben einfach überspringen. Oder besser noch, den Fehler, den wir letzte Nacht begangen hatten einfach ausradieren, die Zeit zurückdrehen, alles rückgängig machen, und statt mich mit üblen Gesellen einzulassen und meine Mitmenschen zu beklauen, lieber mit Kalle Fußballbilder tauschen und unsere »Sportlerkarriere« planen.

Ich stand auf, ließ mir kaltes Wasser über den Nacken laufen, sah den Rest meiner Visage im Spiegel an: »Du bist ein Idiot!«, hämmerte ich mir die Faust wütend gegen die Stirn. An diesem Tag tat ich nicht viel, meist wortlos ging ich Annemarie zur Hand, soweit es ging. Nur einmal fragte sie noch, was geschehen sei, dann ließ sie es bleiben. Am Abend waren ich und sie versöhnt, als sie mir einen Tee und einen Teil der Zeitung anbot. Ich dachte an Kalles Triumphgeheul in dem Moment, als er mit zitternder Hand den winzigen Brocken Kohle hochgehalten hatte, als wäre es ein Schatz. Und endlich konnte ich Annemarie in kurzen Abschnitten die ganze Geschichte erzählen.

»Na, das ist ja ein Ding«, kommentierte sie trocken. »Ein bisschen habt ihr das ja auch verdient, hier einfach krumme Dinger drehen …, wenn das dein Vater wüsste …« Ich knetete verlegen meine Hände, sie hatte ja Recht.

Kapitel 26

»Die willste noch anziehen?«, fragte mein Mitstreiter amüsiert. Feixend hielt mir Kalle ein dunkles Knäuel entgegen.

»Ja, die bringen Glück.« Außerdem waren es meine Lieblingsstrümpfe, die weichen, die die nicht so kratzten. Die, die Annemarie schon eine Million Mal stöhnend gestopft und mir stets mit dem gleichen Satz zurückgegeben hatte: »So Egon, hier, das war aber das letzte Mal, mehr geht wirklich nich. Die halten ja nur noch mit Spucke und gutem Willen zusammen.«

Kalle steckte seine Hände in das Sockenpaar und wackelte blöd mit den Fingern, die durch neue Löcher hindurchstachen. »Haha!«, lachte er. »Die kann ja nur noch eener mit Jefrierorden tragen. Eener, der in Russland alle seine Zehen verloren hat. Sonst frieren sie ihm hier ab, bei den Kratern hier.«

Ich hätte ihm am liebsten eins auf die schmale Hühnerbrust gegeben, aber genauso schnell wie er gekommen war, verflog der Impuls wieder. Stattdessen begutachtete ich meine zu jeder Jahreszeit aufgeschürften Knie, wackelte mit meinem großen Onkel, dem »Zeigezeh« und sagte herausfordernd: »Damit schieß ick wie ein Weltmeister. Wirst schon sehen …«

Bereits wenige Tage nach unserem Ausflug in die Plumpe bekamen wir Antwort. Die Trainer hatten sich entschieden. Die Post hatte einen Brief an mich abgegeben. Nachdem ich mich vergewissert hatte, dass nicht die Handschrift meines Vaters das Kuvert zierte, ließ ich ihn den Vormittag über auf dem Schrank liegen. Ich ging wie gewohnt nachmittags mit Kalle »Bälle kloppen«. Erst gegen Abend riss ich im halbdunklen Flur mit ebenso zitternden Fingern den Umschlag auf, wie mein Vater seinen Einberufungsbefehl geöffnet hatte. Ich ahnte, welche Nachricht das Schreiben enthielt und hatte darum das Öffnen hinausgezögert. Auch wenn ich die Absage angesichts der großen Konkurrenz erwartet hatte, schmerzte es mich, dies schwarz auf weiß in Händen zu halten. Traurig und enttäuscht lief ich nach draußen und trat – nachdem ich mich versichert hatte, dass keiner dort war – dreimal wütend gegen die Aschetonnen im Hof. Die alte Frau Schulze meckerte dennoch aus dem geöffneten Erdgeschossfenster heraus. »Lass du mich bloß in Ruhe, du olle Hexe«, meckerte ich angriffslustig. Die Enttäuschung saß tiefer, als ich mir selbst eingestehen wollte. »Was haste dir denn jedacht? Dit se dich gleich mit Kusshand nehmen?«, rief ich mir selber zu.

Am nächsten Morgen traf ich Kalle in der Schule. Auch er sah nicht glücklich aus; er hatte den gleichen Brief bekommen. Am Nachmittag trösteten wir uns gemeinsam auf dem Bolzplatz. »Ick pfeife auf die alle, die haben doch keene Ahnung!« Missmutig trat Kalle gegen den Ball. Ich stimmte in seine Schimpftirade mit ein, alle waren doof: der Profisport an sich, die vertrockneten braunen Fußballentscheider im Besonderen … Wie die Rohrspätze schimpften wir, während wir lustlos Rückpässe und Fallrückzieher übten. »Die werden noch bereuen, dit sie uns abjewiesen haben. Zwei so viel versprechende junge Talente.« Wir gaben uns bald gleichmütig, waren aber stocksauer. Wir hatten uns mehr erhofft; schließlich hatten wir monatelang auf den großen Tag hingearbeitet. »Woran es wohl lag?«, fragte ich nach einer Weile leise.

»Na an deinem Schuss bestimmt nich«, sagte Kalle, »der war wieder Bombe. Wahrscheinlich an unseren Nasen, woran sonst?«

»Dabei habe ick so abjezogen und so jüt jetroffen«, überlegte ich. »Die anderen waren einfach besser.«

»Papperlapapp«, protestierte mein Freund.

»Dann müssen wir auf die nächste Chance warten.«

»Ob ick da wieder mitmache, weeß ick nich. Dit wird doch wieder nüscht«, prophezeite Kalle düster.

»Wieso?«, fragte ich. Doch er antwortete mir nicht, lupfte nur den Ball, als hätte er mich nicht gehört.

»Besser jesagt, ick weiß noch nich, ob ick da überhaupt mitmachen kann«, erklärte er versöhnlicher.

»Wieso?«, fragte ich entgeistert. Er hob den Kopf nicht, seine wuscheligen Haare wippten auf seiner Stirn. »Weil ick vielleicht doch bald einjezogen werde. In der Schule haben die sowat jesagt; ein Lehrer hat mich und ein paar andere auf so eine Liste gesetzt …«

Zuerst konnte ich es nicht fassen, was mein bester Freund da gerade gesagt hatte. Dann brach es aus mir heraus. »Verdammter Scheißkrieg!«, wütete ich. »Warum machen die Erwachsenen nur immer allet kaputt …?!« Ich kochte innerlich. Wieso nahm man mir alles, was mir lieb war?

Wir saßen auf dem Hof und beobachteten trübsinnig die Spatzen auf den Teppichklopfstangen. Meine kleine Katze »Minkel« hatte ich schon seit Ewigkeiten nicht mehr gesehen. Ob sie wohl bei irgendwelchen Verzweifelten als »Dachhase« im Kochtopf gelandet war? »Gestern haben sie Erhard, unseren Nachbarsjungen jeholt«, erzählte mein bester Freund, um das Schweigen zu brechen.

»Wie, jeholt?«, fragte ich.

»Na, der wird jetzt ooch als Flakhelfer einjesetzt.« Ich wollte widersprechen, doch ich wusste nur allzu gut, dass es sehr wohl möglich, dass in dieser Zeit nichts mehr unmöglich war. »Er is nur zwee Monate älter als ick«, sagte Kalle tonlos. »Bisher haben sie nur die Älteren jenommen. Jetzt nehmen die jeden, der aus dem Kinderjarten raus is.« Ich wusste nicht, was ich erwidern sollte, Angst schnürte mir die Kehle zu.

»Aber uns nich!«, versuchte ich es mit Trotz – wohl wissend, dass es sowohl kindisch als auch sinnlos war. Ich kickte wütend einen Stein gegen die Mauer.

»Mann, Egon«, sagte mein Freund mit zitternder Stimme, »ick will nich sterben.«

Ich schluckte zweimal; als der Kloß in meinem Hals endlich weg war, fügte ich hinzu: »Wir sind zu jung zum Sterben.«

»Niemand ist zu jung zum Sterben«, sagte eine tiefe Stimme plötzlich in meinem Rücken. Unmerklich war der linientreue Herr Kleinschmidt an uns herangetreten. Er musste die letzten Sätze belauscht haben. Ich funkelte ihn zornig an, erwiderte aber nichts, zu groß war die Gefahr, dass er uns in Schwierigkeiten brachte.

Unsere nächste Chance kam schneller, als wir dachten. Wieder lag ein Brief im Kasten. Beim Anblick des förmlichen Umschlages fuhren meine Gefühle Achterbahn. Ich schwankte wie betrunken zwischen Angst und Hoffnung. Ein bisschen enttäuscht war ich, als ich im geöffneten Umschlag lediglich einen weiteren Brief bezüglich der Nachwuchstalenteauswahl statt einer Nachricht von meinem Vater vorfand; auch ein wenig erleichtert. Denn es ging das Gerücht herum, dass Standgerichte durchs Land zogen, um Deserteure zu fangen. Wer ohne Marschbefehl erwischt wurde, wurde meist gehängt, viele vorher gefangen gehalten und gefoltert. Ich wusste nicht, was mein Vater tat oder nicht tat, wie es ihm ging, ob er es noch aushalten konnte, wo er war, ob er überhaupt noch auf zwei Beinen stand. Nichts, seit langer Zeit keine einzige Nachricht von ihm … Insofern war ich froh, immerhin keine Schreckensbotschaft erhalten zu haben. Das bedeutete, dass noch alles möglich war. Vielleicht konnte er uns keine Nachricht schicken, um sich und uns nicht zu gefährden.

Ich lief mit dem Brief zu Kalle. Er war zu Hause und bald saßen wir in seinem Zimmer, wie beim ersten Mal, als ich bei ihm gewesen war: verlegen. Ohne zu überlegen war ich hinaus gerannt, um mit ihm diese unglaubliche Nachricht zu teilen. Erst auf dem Weg war mir aufgegangen, dass es ihn hart treffen könnte, dass ich noch einmal zum Auswahltraining eingeladen worden war und er nicht. Jemand war ausgefallen – ich wagte nicht mir vorzustellen aus welchen Gründen – und nun war wieder ein Platz frei. Einer. Ein einziger Platz. Ich schluckte. Unschlüssig hatte ich vor seinem Haus gestanden, bis ich den Mut gefasst hatte zu klingeln. Er war mein bester Freund. Er würde sich mit mir freuen. Auch wenn es unser beider unbedingter Traum war, eines Tages als Profifußballer unseren Lebensunterhalt zu bestreiten. Trotzdem herrschte eine knisternde Anspannung im Raum, als wir nun zusammensaßen. »Du, ick muss dir wat sagen«, begann ich schließlich mit einem Kloß im Hals. Aus irgendeinem Grund kam ich mir schuldig vor, obwohl es objektiv gesehen keinen Grund dafür gab. Ich hatte nichts Unrechtes getan. Und dennoch.

»… ick auch«, unterbrach er mich.

»Du zuerst!«, forderte ich ihn auf. Mich fröstelte bei dem Gedanken, er könnte doch seinen Einstellungsbefehl erhalten haben und bald Soldat werden müssen. Inzwischen waren sogar Selbstmorde aus den unterschiedlichsten Gründen keine Seltenheit mehr. Hatten die Leute früher vor allem den Gashahn aufgedreht, warfen sie sich jetzt auch vor die Straßenbahn – vorausgesetzt sie fuhr. Immer wieder schüttelte Annemarie den Kopf, wenn sie von einem neuen Freitod erfuhr: »Das hätte ich nie gedacht bei dem …«, murmelte sie oft. Besonders für die Ärzte, vor allem die jungen, war es eine schwere Zeit. Ich wollte weder als Gasleiche oder Krüppel im Krankenhaus, noch als Kanonenfutter im Schützengraben oder auf irgendwelchen Baren enden. Ich schluckte hart, versuchte alle Sorgen abzuschütteln und machte »weiter im Text«, wie mich Annemarie immer aufforderte: Niemals aufgeben …

»Ok, also ick habe noch einen Brief bekommen … du weißt schon, wo wir zur Auswahl waren.« Ich stutzte. »Und – naja, wat soll ick sagen, die haben mich nochmal einjeladen. Einer is ausjefallen, und nun is ein Platz frei.« Ich sah ihn nur an. Er schaute mir kurz ins Gesicht, dann senkte er den Blick. »Ick weiß, ick hab jesagt, ick würde vielleicht nich mehr mitmachen, aber nu …« Er hob den Blick fast flehentlich.

»Also, ick will et versuchen.« Er fummelte an seiner Nagelhaut herum, während er gespannt auf meine Reaktion wartete. Nach einigen Sekunden fing ich an zu lachen. Irritiert schaute er, wie ich mir auf die Schenkel schlug. »Jetzt sag doch mal wat«, bat er.

»Jott sei Dank«! Das war alles, was ich sagte.

»Wie?«

Ich konnte mich kaum beruhigen. »Ick habe ooch so einen Brief bekommen.«

Erstaunt hob er die Brauen. »Tatsächlich?«

»Aber ja doch.«

»Na denn is ja allet in Butter.«

Befreit plauderten wir über die nächsten Schritte, was zu beachten und zu tun sein. Erst mit zunehmender Distanz zu unserem Eingangsgespräch dämmerte uns, dass wir nun Kontrahenten waren; wir würden um denselben Platz, die Erfüllung unseres Traums von der Profikarriere konkurrieren. Ach, was – Gegner … Wir müssten die einfach überzeugen, dass wir beide zu gut sind, um einen von uns nicht in den Nachwuchskader aufzunehmen. Ich machte gute Miene zum bösen Spiel. »Dit wird schon.« Aber wirklich überzeugt war ich leider selbst nicht. Ich ging bedrückter fort als ich gekommen war.

Als wir das zweite Mal in der Umkleidekabine standen, meuterte mein Freund plötzlich: »Ick kann dit nich. Dit is nich jerecht. Geh du, du hast et verdient. Du trainierst schon so lange so hart. Du bist ooch echt besser als ick.« Er schlug mir auf den Rücken. »Los jetzt, Bombe!« Ich schüttelte den Kopf. »Doch! Du hast dit hier allet anjeleiert.«

»Ja, auch für dich.«

»Mensch Egon, dit hat doch alles keinen Sinn: Selbst wenn die mich nehmen, dann werde ick einjezogen und dann is eh vorbei. Ick kann ja doch nich …«

»Und wie du kannst! Dann haste einen Grund bei denen nich zu können. Wenn du erstmal in der Auswahl bist, dann können sie dich nich einfach vom Platz wegholen und ein Jewehr in die Hand drücken. Ehrlich wahr, Mann! Ick hab mich erkundigt.«

Kalle sah mich unendlich traurig an. »Egon, du weißt doch, dass dit Quatsch is.«

»Nee,« protestierte ich vehement. Und tatsächlich hatte ich eines Nachmittages vor dem Training den alten Herren noch einmal aufgesucht, um mich zu vergewissern, dass er auch für Kalle »vielleicht was drehen könnte«.

»Versprechen kann ich natürlich nichts in diesen Zeiten, junger Mann«, hatte er gesagt und mich dabei wohlwollend angeschaut, »aber, wenn dein Freund beim Training tatsächlich überzeugt, sieht es sehr gut aus. Ich kenn ein paar Kniffe – und die richtigen Leute. Vor allem weiß ich zu schätzen, dass du hier bist, um für ihn und nicht für dich selbst zu bitten.« Ich war einigermaßen beruhigt nach Hause gegangen und hatte die nächsten Tage konzentriert auf Kalles und mein Training verwendet. »Dit is keen Quatsch, der Alte hat es mir … quasi versprochen.« Kalle sah mich skeptisch an. »Also, du Memme. Jetzt mach nich so einen Uffstand und komm raus aufs Feld. Die warten nich.«

»Klar warten die: uff uns.« Er grinste plötzlich; dann nahm er die Beine in die Hand. Und zusammen liefen wir nach draußen, uns der Fußballwelt zu stellen.

Wenn Kalle spielte, egal wo und wann, brachte er stets volle Leistung; halbherzig spielen konnte er einfach nicht. Wir wurden beide von unterschiedlichen Herren trainiert. Jeder auf einer Hälfte des Platzes, was bedeutete, dass wir einander immer wieder aus den Augenwinkeln sahen. Manchmal winkten wir uns sogar verstohlen zu. Dieses Mal wollten sie alles sehen; sie prüften uns auf Herz und Nieren. Ich hatte den Lauf meines Lebens, trotz oder gerade wegen all der Probleme, die mir auf dem Herzen lagen, spielte ich mich frei. Ich lief und rannte, als ginge es um mein Leben. Zumindest ging es um meinen größten Traum, ich trickste und schoss, nahm an und köpfte, flankte und zielte wie ein junger Fußballgott, wie ich unbescheiden selber fand. Kalle schien es ähnlich zu gehen, wir strahlten uns über die Distanz hinweg zweimal an. Von Konkurrenz keine Spur, im Gegenteil: Ich war davon überzeugt, dass sie uns beide nehmen mussten. Wir waren heute einfach beide zu gut, um abgelehnt zu werden.

Doch es kam, wie es kommen musste. Kurz vor dem Ende nahm mich der Trainer zur Seite: »Ick sehe, dass du deinem Freund zuwinkst, dit is ooch jut und richtig so – Teamjeist is wichtig. Aber manchmal – und dieses manchmal is jetzt – is so eine Situation, da heeßt et: Friss oder stirb. Hier jilt heute: Jeder gegen jeden. Wir können nun nur eenen nehmen. Verstehste, Großer? Nur eener wird weiterkommen, du oder er! Wenn du ins Team willst, musste jetzt noch mal allet jeben, sonst wird dit nüscht. Also – überlegs dir. Jeder kämpft für sich allein. Du selbst musst dich fragen: Will ick oder will ick nich? Irgendwo hört die Freundschaft immer uff. Meistens beim Jeld, bei Frauen oder eben beim Erfolg.« Ich schaute zu Boden, war wie gelähmt. Ich war meinem großen Traum, Fußballer zu werden, in den Stadien dieser Welt zu spielen, so nah wie noch nie in meinem ganzen kurzen Leben. Das, wovon ich schon geträumt hatte, als ich kaum laufen und mit meinem Vater zusammen den Ball treten konnte, war in greifbarer Nähe. Ich hatte trainiert wie besessen, auf so viel verzichtet, mich voll und ganz auf den Fußball konzentriert, ich würde so unendlich gern ... Und jetzt sollte ich mich entscheiden? Zwischen diesem Traum und meinem Freund? Das konnten sie unmöglich verlangen! Das ging nicht. Das war wie die Frage, ob ich meinen Arm hergeben würde, um mein Bein zu behalten ... Ich taumelte zurück zum Trainingsstartpunkt, wo man mich schon erwartete. Der Trainer sah mir fest in die Augen. »Na, haste dir entschieden?«

Ich hob den Kopf, zögerte. Dann traf ich schweren Herzens einen Entschluss. »Ja!«, sagte ich.

Dann wurden Torschüsse geübt. »Na los, Bombe, zeig mal, wat du druff hast«, feuerte mich der Trainer laut an. Ich schwitzte. Ich fixierte das Tor, den Torwart, den Ball. Ich sah verstohlen zu meinem Freund rüber, der auf dem gegenüberliegenden Platz das gleiche tat wie ich: Er setzte zum Schuss an. Er würde es verstehen. »Na, nu los jetzt. Wat is denn? Warteste uff die Post oder wat ...?!« Sie wurden ungeduldig. Ich musste jetzt alles geben. Ich nahm Anlauf, taxierte noch einmal den Ball. Ich rannte und trat mit geschlossenen Augen voller Kraft, die Wut verlieh meinem Schuss zusätzlich Stärke, gegen das runde Leder ...

Der Ball sauste wie ein Geschoss zum Tor, in Richtung obere linke Ecke. Doch kurz bevor er ankam, flog er knapp am Pfosten vorbei. Ich hatte verpatzt. Der Trainer murrte, schaute mich durchdringend an und gab Handzeichen weiter zu schießen. Auch die anderen Versuche verfehlten das Tor, stets um Zentimeter, aber knapp daneben war nun einmal auch vorbei. Kurz darauf beendete der dicke Mann mit den kräftigen Oberschenkeln und den Kullerwaden das Ganze. »Danke, dit reicht. Ick hab jenug gesehen. Jib her die Pille!« Missmutig sah er mich an. Ich meinte auch so etwas wie Bedauern in seinem Blick zu lesen. »Kannst dich umziehen, wir melden uns dann.« Mir schnürte sich der Magen zu und ich schluckte ein paar Tränen hinunter, als ich schweren Herzens in die nach Schweiß und Urin stinkende Umkleidekabine lief. Ich musste stark gegen den Drang ankämpfen, mich umzudrehen und »He, lasst et mich nochmal versuchen. Ick kann dit! Ick bin schließlich Bombe!« schreiend zurück aufs Feld zu laufen. Doch es gab kein Zurück. Und als ich die bittere Galle, die mir beim Gedanken an die verpasste Chance in die Kehle gestiegen war, schließlich geschluckt hatte, fühlte ich eine wohlige Wärme in der Brust. Ich hatte das Richtige getan. Der Preis? Mein Traum von der Fußballkarriere war wieder in weite Ferne gerückt. Aber das war lächerlich im Vergleich zur Rettung von Kalle. Denn nichts konnte jetzt wichtiger sein, als Kalle vor dem Kriegseinsatz zu bewahren. Ich hoffte nur, wir würden es mit der Hilfe unseres alten Gönners auch wirklich schaffen; man munkelte doch bereits vom baldigen Ende des Krieges, nur noch ein paar Monate ... Das musste reichen. Ich hoffte und betete. Gleichzeitig war ich traurig. »Du Egoist«, beschimpfte ich mich selbst. Innerlich zerrissen sah ich durch die von Fliegenschissen verdreckte Scheibe des Fensters hinaus auf den Platz, wo Karl-Heinz noch immer eifrig Schuss um Schuss – Vollspann, Innenrist, Außenrist, Fallrückzieher – in Tore verwandelte. Ich musste an unseren vielen gemeinsamen Trainingsstunden denken; viel Häme hatten wir deswegen einstecken müssen, und war plötzlich sehr stolz auf ihn. Ein letztes Zaudern, aufbäumen, dann die abschließende Erkenntnis: Auch wenn mein Verlust jetzt noch wie eine frische Operationswunde schmerzte, war es die richtige, die einzig mögliche Entscheidung gewesen.

Auf der Rückfahrt war ich still. Karl-Heinz hingegen erzählte aufgekratzt von jeder einzelnen Trainingseinheit und wollte wissen, ob es mir genauso ergangen war. Doch ich war maulfaul. »Menschenskinder, dir muss man aber ooch allet aus der Nase ziehen!«, raunzte Kalle mich an.

»Es lief halt nich so jut«, wich ich aus.

Kalle wurde ernst: »Ja, ick hab mich schon jewundert; hab die letzten Schüsse von dir jesehen. Mannomann, so knapp immer verfehlt. Wo deine Dinger doch sonst immer sitzen ... Jerade da ...«

»Hm«, brummte ich nur.

»Wieder dein Magen?«, fragte Kalle einfühlsam. »Warste zu nervös? Oder ...« Er sprach nicht weiter. Wir beiden sahen uns an. Das Rattern der Schienen unter dem Wagen durchbrach nur oberflächlich die Stille zwischen uns.

Ich wandte den Blick ab. »Ja, ja ... so war et«, sagte ich nur und stierte aus dem Fenster.

»Ick war ooch nich berauschend«, log Kalle, »mich nehmen die ooch nich, wirste sehen.«

Erschrocken fuhr ich hoch. »Doch doch«, protestierte ich, »dich müssen die nehmen! Sonst war doch allet umsonst«, stammelte ich verzweifelt.

»Nee, aber macht nüscht, Kopp hoch. Wir versuchen es nächstet Jahr wieder zusammen«, beharrte mein schlaksiger Freund. »War ooch nich mein Tag … ick musste die janze Zeit an den Marschbefehl denken, war viel zu abgelenkt.« Vielsagend sah er mich an.

»Ach wat, die müssen dich einfach nehmen, du warst klasse! Und denn kann dich keener mehr ziehen. Nich mal der Führer höchstpersönlich. Muss er ooch nich, denn Sport is ja bekanntlich schon Mord«, scherzte ich halbherzig. Kalle blickte auf. Ich wartete.

»Danke«, sagte er leise, kaum hörbar.

»Wofür?«, fragte ich, hätte mir aber im gleichen Moment am liebsten auf die Lippe gebissen und die Frage zurückgenommen.

Kalle schien nach Worten zu suchen. Er sah mich lange an. »Dit du mich mitjenommen hast«, sagte er schließlich. »Dit hätte nich jeder jemacht …«

Ich schaute zurück. »Jern jeschehen«, antwortete ich, und das kam aus tiefstem Herzen. Ich lächelte zum ersten Mal wieder. »Aber du musst mir ne Freikarte besorjen, versprochen?«

Kalle grinste, »Klar, wenn ick tatsächlich jenommen und dann ooch noch aufjestellt werde, sprich tatsächlich jemals spielen darf – denn biste mein Ehrenjast, is doch klar wie Kloßbrühe! Und nächstet Jahr kommste dann dazu.« Er schlug mir freundschaftlich auf die Schulter. Diese Geste, so vertraut, war heut anders. Länger als üblich blieb seine Hand auf meiner Schulter liegen. Dann war der Augenblick vorbei; die nächste

Station wurde ausgerufen. »Jetzt sind wir gleich wieder daheim. Jetzt geht die Fragerei los …«

Ich stöhnte theatralisch auf. »Ja, erzähl du mal, ick hab keene Lust. Ick brauch erstmal wat Ordentliches zwischen die Kiemen. Ick hoffe, Annemarie hat ›armen Ritter‹ jemacht …« Und tatsächlich schien sich der immer noch in meinem Magen sitzende Fels langsam aufzulösen – beim Gedanken an ein Mittagessen mit Kalle und Annemarie in der gemütlichen Küche. »Und danach wird jebolzt!«, schloss ich mit einem Blick auf meinen Freund. »Aber nimm dich in Acht. Diesmal kenn ick keen Pardon!«

Epilog

Kalle kam in die Auswahl. Er musste nicht mehr an die Front. Das erste Friedensweihnachten 1945; es war bitterkalt, aber wir bekamen zwei Geschenke, die schöner nicht hätten sein können: Zum einen wurde Suse, Heinrichs kleine Schwester, endlich wieder ganz gesund. Wenn auch ihre Lunge Schaden genommen hatte und sie niemals würde Marathonläuferin werden können, so hatte sie doch die Tbc besiegt. Zum anderen war mein Vater seit einigen Tagen wieder zu Hause. Er hatte längerer Gefangenschaft entgehen können, hatte plötzlich vor unserer Tür gestanden – welch ein Glück, dass wir nicht ausgebombt worden waren, so hatte er uns finden können – und gesagt: »Hier kriejen mich keene zehn Pferde mehr weg.« Und obgleich die Ernährungslage prekär, die Stadt zerstört und überall Kummer und Elend herrschte, war die Freude über das Wiedersehen so groß, dass sie alles andere in den Hintergrund drängte. Er lebte, er war hier, im Gegensatz zu so vielen tausend Menschen, die weniger Glück gehabt hatten. Ich heulte ihm meine Freudentränen in die Lumpen an seiner Schulter und Annemarie drückte ihn so fest, dass er protestieren musste. Er war mager geworden. Er roch streng, aber er stand leibhaftig in unserem Hausflur.

Sobald ich mich versichert hatte, dass er da war und wirklich blieb, rannte ich sofort zu meinem Freund hinüber und erzählte ihm diese Wahnsinnsneuigkeit. Er kam gleich mit, um meinen Vater zu begrüßen; aber wir mussten eine Ewigkeit warten, bis dieser sich gewaschen und umgezogen hatte. Danach liefen wir übermütig hinaus, um eine Runde Fußball zu spielen. Wir mussten »am Ball« bleiben, Karl-Heinz würde ja nun bald in der Auswahl seinen Mann stehen müssen. Und auch ich hatte nach wie vor große Pläne. Wir fühlten es mit jeder Faser unseres Körpers: Uns war es besser ergangen, als vielen anderen unseres Alters. Das wollten, ja mussten wir nutzen. Mit Erbsen auf Soldaten. Wir waren noch einmal davon gekommen.